Die Rosenheimer Autoren
Wundersame Winterzeit

Die nachfolgenden Geschichten spielen größtenteils in Rosenheim und der Region des Inntals, realen Orten in Süddeutschland und der umliegenden Umgebung. Die Personen und Handlungen sind jedoch rein fiktiv. Übereinstimmungen mit lebenden oder bereits verstorbenen Personen wären rein zufällig und sind nicht beabsichtigt.

Die Rosenheimer Autoren

Wundersame Winterzeit

Geschichten für die stillen Monate

rosenheimer

Besuchen Sie uns im Internet:
www.rosenheimer.com

© 2018 Rosenheimer Verlagshaus GmbH & Co. KG, Rosenheim

Titelfoto: pwmotion – Fotolia.com
Lektorat: Beate Decker, München
Satz: SATZstudio Josef Pieper, Bedburg-Hau
Druck und Bindung: GGP Media GmbH, Pößneck
Printed in Germany

ISBN 978-3-475-54808-6

Inhalt

Grußwort 7

Das Weihnachtswunder vom Samerberg 9
Lilly 23
Frohe Weihnachten, liebe Anna 36
Der blaugrüne Paraiba-Turmalin 49
Stadtaffe 67
Schicksalhafter Christkindlmarkt 79
Der Brief aus Amerika 101
Zauber der Zeit 113
Wie ich dem Weihnachtsmann half, seinen
Schlitten zu reparieren 131
Conchetta im Schnee 149
Der Imitator 161
Gummibärchen und Erde 172
Ein Gruß vom Krampus 184
Zapfenstreich – eine Winterwunderreise 205
Der Commissario und das Hündchen 218
Mein zweites Leben 237
Glücklich statt perfekt 247
Und zum Schluss noch ein Lied 264

Die Rosenheimer Autoren 267

Grußwort

Unsere Heimat, unsere Geschichten

Unser Rosenheimer Land ist wunderschön, bunt und wildromantisch – so wie unsere Geschichten.

Als Rosenheimer Autoren sind wir so vielfältig wie all die zauberhaften Orte unserer Heimat, und dies brachte uns auf die Idee, eine Anthologie mit Geschichten aus verschiedenen Genres herauszubringen.

Entstanden ist ein wahres Potpourri an Ideen, die nur eines gemeinsam haben: die wundersame Winterzeit rund um Weihnachten.

Fantastische, skurrile, humorvolle und besinnliche Geschichten sollen Sie an langen Winterabenden aufs Beste unterhalten.

Wir wünschen Ihnen sehr vergnügliche Lesestunden und hoffen, dass Ihnen die Lektüre unserer Erzählungen genauso viel Spaß macht, wie uns allen das Schreiben bereitet hat. Wir freuen uns über Rückmeldungen unter: dierosenheimerautoren@gmx.de.

Es grüßen sehr herzlich

Kerstin Groeper als Herausgeberin, Monika Nebl als Gründerin des Stammtisches und Luzi van Gisteren als Initiatorin und treibende Kraft dieser Anthologie im Namen aller Rosenheimer Autoren

Das Weihnachtswunder vom Samerberg

Gisela Rieger

In den Sechzigerjahren lebten die Bauersleute Anna und Johann am Rande eines Dorfes in der Nähe vom Samerberg. Sie bewirtschafteten einen kleinen Hof, und da die beiden immer fest zusammenhielten, gedieh das Anwesen. Die Bäuerin stand nicht nur unermüdlich in der Küche, im Stall oder auf dem Feld – sie war auch fleißig im Kinderkriegen. Fast jedes Jahr in Folge brachte sie einen gesunden Buben auf die Welt.

Zum Glück waren die Schwiegereltern sehr rüstig und konnten trotz ihres Alters noch kräftig mit anpacken. So wie der Opa die Scheit'l für den nächsten Winter spaltete, so war die Oma oft am Herd und hütete die sieben Buben. Das Kochen fiel der Austragsbäuerin wesentlich leichter als das Kinderhüten, denn vor den Lausbuben war nichts sicher, wenn man sie nicht im Auge behielt. Erst am Vortag hatte sie ihr Strickwerk mit gezogenen Nadeln gefunden.

Trotz der vielen Arbeit und Mühen waren sie eine glückliche Großfamilie. Der Bauer war gut befreundet mit dem Pfarrer und dem Bürgermeister und am sonntäglichen Stammtisch stets gerne gesehen.

Zur Bäuerin kamen oftmals Frauen aus der Nachbarschaft, da sie sich gut mit Heilkräutern auskannte.

Anna war in ihrem Leben nur sehr selten bei einem Arzt gewesen. Sie sagte immer: »Wozu soll ich die neumodernen Pillen schlucken, wenn die Natur eh alles hergibt, was man braucht!«

Von vielen Frauen wurde die Bäuerin beneidet, denn sie war eine fesche Frau. Die vielen Kinder ließen sie äußerlich sogar noch mehr aufblühen. Zudem war die Anna stets freundlich und half allen, die in Not waren. Sie schien immer unbeschwert, und ihre wunderschöne Stimme erklang fröhlich bei der Arbeit. Was niemand ahnte: Die Bäuerin war im tiefsten Herzen todtraurig. Sie traute sich jedoch nicht, sich jemandem zu offenbaren – nicht einmal mit ihrem geliebten Mann konnte sie über ihr Innerstes sprechen. Auf der einen Seite war sie wirklich glücklich: Sie liebte ihre Familie, die Lausbuben, auch nach ihren ärgsten Streichen. Sie mochte die Arbeit auf dem Hof, vor allem den Umgang mit ihren Kühen, Schweinen, Gänsen, Hühnern und Schafen. Ganz besonders liebte sie ihren treuen Schäferhund, der alle Hausierer verjagte, und ihre Schmusekätzchen, die auf ihrem Schoß saßen, wenn der Platz nicht schon von einem ihrer Buben belegt war. Und dennoch weinte sie oft in einer stillen Stunde und schämte sich sogleich wieder dafür, dass sie nicht dankbar, sondern unglücklich war.

Ihr sehnlichster Traum blieb ein Mäderl! Die Dorffrauen neckten sie manchmal und meinten: »Gell, Anna, jetzt hast alles, was sich die meisten wünschen würden, nur kein Mäderl.«

Die Bäuerin versuchte nach solchen nicht einmal bös gemeinten Kommentaren, einen lockeren Spruch von sich zu geben. Häufig sagte sie dann: »Lieber sieben fesche, g'sunde Buben als sieben schiache, dumme Madl'n, die de Händ nach hinten raus ham!«

Doch in der Tiefe ihres Herzens litt sie Höllenqualen und unterdrückte immer öfter ihre Tränen. Wenn die Bäuerin besonders traurig war, stahl sie sich für ein paar Stunden davon und wanderte auf ihren geliebten Heuberg. Dieser Berg gab ihr jedes Mal neue Kraft. Oben am Gipfel angekommen, fühlte sie sich wie in einer anderen Welt. Der weite Blick über das Inntal ließ sie ihre Sehnsüchte beinahe vergessen. Aber eben nur beinahe.

Eines Tages, als die Anna auf »ihrem Berg«, wie sie den Heuberg nannte, ihre Brotzeit auspackte, setzte sich fast unbemerkt eine ältere Frau neben sie. Die Unbekannte sprach Anna an und fragte unverblümt, was ihr denn so zu schaffen mache.

Die Bäuerin sah erstaunt auf und war gefesselt von den warmen Augen der Frau. Wie von selbst sprudelte alles aus ihr heraus, was sie bisher noch nie jemandem anvertraut hatte. Dass sie doch glücklich und zufrieden sein müsse ... und sie schalt sich am Ende der Erzählung selbst für ihre Unzufriedenheit.

Die alte Frau hörte einfach nur zu und legte, nachdem Anna geendet hatte, ihren Arm um die Bäuerin. Sie sagte schlicht: »Weißt, wenn's der da oben einrichten kann«, sie zeigte mit ihrem Finger zum Himmel, »dann wird dein Mäderl schon noch kommen. Die Hoffnung stirbt zuletzt.« Sie griff in ihre Jackentasche und holte einen herzförmigen Stein hervor. »Schau, den hab ich grad auf dem Weg gefunden. Vielleicht bringt er dir ja Glück.«

Am Abend legte Anna den herzförmigen »Glücksstein« unter ihr Kopfkissen und tagsüber steckte sie diesen in ihre Kitteltasche. Sie war zwar nicht abergläubisch, als jedoch im darauffolgenden Monat ihre Regel ausblieb, konnte sie ihr Glück kaum fassen.

Bald stand Weihnachten vor der Tür, und die Bäuerin backte mit Hingabe Plätzerl für ihre Liebsten. Die Oma strickte fleißig Socken für die Buben, und der Opa schnitzte Holzschwerter für die Lauser. Der Johann und auch die Kinder waren immer wieder mal »verschwunden«, irgendwie schien es, als wollte jeder das Weihnachtsfest noch besonderer machen.

Sanfte Schneeflocken fielen vom Himmel, als sich die Familie zu Fuß auf den Weg zur Christmett'n machte. Jakob, der Jüngste, war ganz aufgeregt, da er beim Krippenspiel den Josef spielen durfte. Die weihnachtlich geschmückte Dorfkirche war bis auf den letzten Platz gefüllt. Denn an solch einem Tag besuchten selbst diejenigen das Gotteshaus, welche das Jahr über lieber beim Wirt als in die Kirche einkehrten. Noch ein »Stille Nacht – Heilige Nacht …« erklang, dann drängten alle nach draußen, um sich gegenseitig frohe Weihnachten zu wünschen.

Daheim angekommen, konnten die Buben es kaum mehr erwarten, in die verschlossene Stube zu gelangen. Die Jüngeren glaubten auch noch an das Christkindl, das sich den ganzen Tag dort einsperrt, um in Ruhe den Christbaum zu schmücken und die Geschenke zu bringen.

Doch sie mussten sich noch ein wenig gedulden und vorher die Stallarbeit erledigen. Die war jedoch an keinem Tag im Jahr so schnell getan wie an Heiligabend.

Erst nach dem Abendessen, den traditionellen Schweinswürsteln mit Sauerkraut, wurde die Stube aufgesperrt. Ein prächtiger Christbaum, der bis unter die Decke reichte, war geschmückt mit roten Kugeln und selbst gebastelten Strohsternen. Mit dem neumodernen Lametta konnte sich die Mutter nicht anfreunden. Die Buben bekamen große Augen, als sie die vielen Geschenke sahen, und wollten sich schon ans Auspacken machen. Aber die resolute Oma sprach ihr Machtwort: »Nix da, Buam, erst werd'n no drei Lieder g'sunga!«

Der Großvater begleitete den glockenhellen Gesang mit der Zither, und die Anna spielte dazu auf ihrer Gitarre.

Die Buben freuten sich über die Spielsachen, die das Christkind gebracht hatte. Die gestrickten Socken von der Oma wurden schnell zur Seite gelegt, denn unter den Geschenken war auch eine riesige Eisenbahn, die es aufzubauen galt!

Anna setzte sich, glücklich über die neue Halskette, in ihren Schaukelstuhl und legte die Hand auf ihren Bauch. Sie dachte: »Du bist mein schönstes Geschenk.«

Zu später Stunde, als alle Kinder erschöpft und glücklich in ihren Betten lagen, gönnten sich die Eltern noch ein gutes Glaserl Wein.

»Woast, Spotzl«, sagte der Johann und legte den Arm um seine Frau, »manchmoi is ma scho fast unheimlich, dass i so glücklich sein darf.« Die Anna kuschelte sich selig ganz eng an ihn und konnte nicht ahnen, dass sich bereits dunkle Schicksalswolken über ihrem Hof zusammenbrauten.

Im darauffolgenden Frühjahr starb ganz plötzlich der rüstige Großvater. Der gute alte Traktor gab den Geist auf, und es regnete beinahe pausenlos, sodass die Felder zu nass waren, um die Saat auszubringen. Es war vorauszusehen, dass die Ernte in dem Jahr sehr schlecht ausfallen würde. Doch der Bauer meinte optimistisch: »Jetzt haben wir immer so vui Glück g'habt, und jetzt is halt ois Unglück auf amoi zamkema.« Johann konnte nicht ahnen, dass es noch viel schlimmer kommen würde.

Anna lag schon viele Stunden in heftigsten Wehen und bereute erstmalig, dass sie wieder auf einer Hausgeburt bestanden hatte. Doch die Schmerzen waren schnell vergessen, denn sie brachte ein gesundes, kräftiges Mädchen zur Welt. Die Freude war überwältigend, und der Johann schloss voller Stolz seine beiden Frauen in die Arme.

Man taufte das Nesthäkchen auf den Namen Maria Elisabeth. Die Kleine wurde jedoch von allen nur Marie gerufen. Mit ihren Pausbäckchen, dem blonden Lockenkopf und den strahlend blauen Augen war sie ein richtiger Wonneproppen. Die Buben fühlten sich nun als die großen Beschützer der kleinen Prinzessin.

Marie wuchs heran, sie lachte viel und weinte selten. Sie war der Sonnenschein der ganzen Familie. Die Mutter hatte sie fleißig in der Küche mit dabei, und das Töchterchen liebte es, die Knödelmasse zu zerdrücken, auch wenn das Knödeldrehen noch nicht so richtig klappte. Die Brüder spielten mit ihr und nahmen sie sogar mit in ihr »Geheimversteck«, das war schon eine besondere Auszeichnung. Mit dem Vater saß sie liebend gerne und stundenlang auf dem Traktor. Die Oma erzählte ihr Geschichten oder las ihr Märchen vor. So waren die Tage vom Mariechen sehr lebendig, und das Wort Langeweile kam nie auf.

Doch dann kam der Tag, an dem das Schicksal ungnädig über die Familie hereinbrach. Wochenlang hatte es viel geregnet, sodass der Bauer nicht auf die Felder konnte. Als die Erde wieder getrocknet war, wollte er pflügen. Sobald die kleine Marie hörte, dass der Vater mit dem Traktor fahren würde, musste sie unbedingt mit dabei sein. Die Mutter versuchte, sie zu überreden, bei ihr in der Küche zu bleiben, und lockte, dass es da wärmer und gemütlicher wäre. Doch das Kind ließ es sich nicht nehmen, den Vater zu begleiten.

Zur Mittagszeit hatte die Anna schon den Tisch gedeckt und das Essen für die Buben beiseitegestellt, die erst später von der Schule nach Hause kamen. Als ihr Johann nicht wie gewohnt zum Essen heimkam, wurde sie von einer inneren Unruhe gepackt. Ständig schaute sie aus dem Fenster. Die Großmutter bemühte sich, sie zu beruhigen, und meinte, dass das Fahrzeug vielleicht stecken geblieben wäre. Doch nach einer Stunde Wartezeit, die ihr endlos vorkam, machte sich die Anna mit dem Fahrrad auf den Weg, um Mann und Tochter zu suchen.

Schon nach wenigen Minuten sah sie aus der Ferne den umgestürzten Traktor. Vor Schrecken blieb Anna das Herz beinahe stehen.

Als sie der Unfallstelle näherkam, erkannte sie, dass das Gefährt am steilen Hang vom Weg abgekommen war. Panisch rannte sie auf das Fahrzeug zu und sah ihren Johann unter dem schweren Traktor eingeklemmt und leblos liegen. Sie fasste sofort nach seinem Puls, obwohl sie auf den ersten Blick erkannt hatte, dass kein Leben mehr in ihrem Mann war.

Wie in Trance rief sie nach der kleinen Marie. Doch vergeblich. Sie fand ihr Mädchen kurze Zeit später bewusstlos und schwer verletzt etliche Meter vom Unfallort entfernt auf dem Boden liegen. Marie war wohl bei dem Absturz aus dem Traktor geschleudert worden.

Anna lief mit dem Kind, so schnell, wie ihre Füße sie nur tragen konnten, zurück zum Hof. Unentwegt schickte sie ein Stoßgebet zum Himmel: »Bitte nicht auch noch mein Mäderl!«

Am Hof angekommen, wurde sofort nach dem Rettungsdienst gerufen, und nach einer gefühlten Ewigkeit fuhren die Feuerwehr, Krankenwagen und der Notarzt auf den Hof. Als die Sanitäter die Stube betraten, in der die kleine Marie auf das Sofa gebettet war, brach die Mutter ohnmächtig zusammen.

Während die Männer der freiwilligen Feuerwehr ihren verstorbenen Kameraden bargen, wurde das 5-jährige Kind schwerstverletzt in das Rosenheimer Klinikum eingeliefert und sofort in den Operationssaal gebracht. Der Notarzt kümmerte sich vor Ort um die zusammengebrochene Frau. Er hörte zu, wie die Anna ihren Buben so schonend wie möglich beizubringen versuchte, dass ihr Vater nun im Himmel sei.

Es zerriss ihm beinahe das Herz bei den vielen Tränen, die vergossen wurden. Nachbarn, welche der Arzt informiert hatte, kümmerten sich bis zur Beerdigung um die Stallarbeit.

Bei der Trauerfeier war die Kirche zum Bersten gefüllt, und sogar noch vor der Tür versammelten sich viele Trauernde, die in der Kirche keinen Platz mehr gefunden hatten.

Am Grab standen ganz vorne, wie versteinert, die Ehefrau und die Mutter des Verstorbenen. Den Buben flossen unaufhörlich die Tränen.

Das Leid und die Trauer blieben groß, ebenso groß wie die Sorge um die kleine Marie. Sie lag nun schon wochenlang im Koma auf der Intensivstation, angeschlossen an viele Schläuche und Apparate. In Gips gebettet waren die vielen Knochenbrüche das kleinere Übel, denn die würden nach einer gewissen Zeit wieder zusammenwachsen. Doch die enormen Kopfverletzungen und die schwere Lungenquetschung der kleinen Patientin machten den Ärzten große Sorgen.

So oft es ging, fuhr die Anna in die Klinik, um bei ihrer Tochter zu sein. Stundenlang hielt sie die zarte Hand ihres Kindes und versuchte, so lebhaft wie möglich zu erzählen, was daheim alles los war. Die Brüder und die Oma könnten es schon gar nicht mehr erwarten, bis sie wieder nach Hause käme ...

Nachdem Marie schon einige Monate im Krankenhaus gelegen hatte, erwachte sie aus dem Koma. Ihre Knochenbrüche waren längst verheilt und ihre Schädelfrakturen waren nicht mehr lebensbedrohlich, aber die Lunge wollte einfach nicht richtig funktionieren.

Nach einem der fast täglichen Besuche bat der Chefarzt die Mutter mit vor die Tür zu einem Gespräch.

Er teilte der besorgten Frau mit, dass die Kleine Weihnachten wohl nicht mehr erleben würde. Sie dürfe Marie für die noch verbleibende Zeit mit nach Hause nehmen.

Marie jedoch spitzte vom Krankenbett aus ihre Ohren und versuchte, dem Gesprochenen zu folgen. Sie verstand zwar nicht alles, aber sie meinte zu hören, dass, wenn sie Weihnachten überleben würde, sie wieder ganz gesund sei.

Das kleine Mädchen war überglücklich, wieder daheim zu sein. Alle sorgten sich rührend um sie. Jeder wusste, dass es nur eine Frage der Zeit sein würde, bis der kleine Sonnenschein die Welt verlassen musste. So wollten alle die noch verbleibende Zeit mit ihr so schön wie möglich gestalten. Die Kleine wusste selbst, dass sie schlimm krank war, und sprach jeden Tag von ihrem einzigen Wunsch: »Weihnachten erleben!«

Sie war felsenfest davon überzeugt, dass sie danach wieder ganz gesund sei. Es brach allen beinahe das Herz, doch die Mutter bestätigte sie ganz fest in ihrem Glauben. Nur, es war halt erst Ende August, und die Ärzte gaben ihr mittlerweile nur noch wenige Wochen.

Daher suchte die Großmutter den Bürgermeister auf und erklärte ihm, dass Marie bald von ihnen gehen müsse. Ihr sehnlichster Wunsch sei, noch einmal Weihnachten erleben zu dürfen. Die Oma erklärte dem Bürgermeister ihren Plan, um dem Kind den letzten Wunsch zu erfüllen. Dieser zeigte sich zunächst unschlüssig, gab dann jedoch seinen Segen dazu.

Gleich darauf suchte die alte Frau alle Geschäfte im Dorf auf und erklärte ihr Anliegen. So wurden ab dem 1. September sämtliche Läden weihnachtlich dekoriert. Der Bürgermeister ließ eine große Tanne auf dem Dorfplatz aufstellen. Es hatte sich in Windeseile im ganzen Dorf herumgesprochen, dass ein Weihnachten für Marie veranstaltet werden sollte. Immer mehr Dörfler machten mit und schmückten die Fenster zur Straße, an denen Marie vorbeikam, mit Sternen, bunten Kugeln und vielen Lichtern. Sogar der Wettergott hatte ein Einsehen, denn der September zeigte sich außergewöhnlich kühl.

Nun mussten die Brüder ihre Schwester jeden Tag, warm eingepackt, mit dem Rollstuhl durch das Dorf schieben. Die Kleine konnte sich an den weihnachtlichen Dekorationen und den vielen Lichtern gar nicht sattsehen. Daheim brannten die Adventskerzen, und es wurden fleißig Plätzchen gebacken.

Der 24. September rückte immer näher, und Marie zählte die Tage bis »Weihnachten«. So suchte die Großmutter nochmals den Pfarrer auf, bei dem sie mit ihrem Anliegen bisher auf taube Ohren gestoßen war! Sie erklärte ihm deutlich und resolut, dass es am Vierundzwanzigsten eine Christmette geben müsse, ansonsten würde der liebevolle Schwindel auffliegen. Der Geistliche zeigte sich empört und erklärte der Frau, dass dies in seiner Kirche nicht möglich wäre! Schließlich sei dies ein Gotteshaus und kein Kasperletheater! Doch Hochwürden hatte nicht mit der Entschlossenheit der Großmutter gerechnet. Sie forderte ihn auf, selbst das vorzuleben, was er von der Kanzel herab predigte. Sie sprach von Menschlichkeit, Nächstenliebe und zitierte eine ganze Litanei von Bibelversen, sodass es dem Pfarrer die Sprache verschlug. Zwar noch ein wenig widerwillig, jedoch von der Standpauke der Großmutter gerührt, hinter der sich nichts anderes als die unendliche Liebe zu ihrer Enkeltochter verbarg, versprach er, die Kirche schmücken zu lassen sowie die Christmette abzuhalten.

So geschah es, dass sich die Dorfbewohner drei Monate früher als üblich auf den Weg zum Gottesdienst machten. Marie durfte mit ihrer Familie in der ersten Reihe sitzen. Die Dorfkinder hatten schnell noch das Krippenspiel einstudiert, der Kirchenchor die Weihnachtslieder eingeprobt. Sogar der Pfarrer predigte voller Inbrunst, wie selten zuvor. Die Augen der Kleinen leuchteten noch heller als die vielen Kerzen.

Nach dem Gottesdienst wünschten alle der kleinen Marie ein gesegnetes Weihnachtsfest. Daheim gab es wieder Würstel mit Kraut, bevor die Stube aufgesperrt wurde, wo das Christkind den Weihnachtsbaum geschmückt und die Geschenke gebracht hatte.

Marie hätte eigentlich gar kein Geschenk mehr gebraucht, denn sie hatte Weihnachten überlebt und nun würde sie wieder ganz gesund werden! Sie wurde an diesem Tag gar nicht müde und lächelte auf eine ganz besondere Weise.

Und nun ereignete sich ein Wunder, mit dem keiner gerechnet hatte.

Am nächsten Tag war die Kleine wesentlich frischer, weniger müde und hatte mehr Appetit. Von Tag zu Tag ging es ihr besser. Nun gab es eine neue Herausforderung, denn die Kleine freute sich auf das

Feuerwerk an Silvester. So machte sich die Oma wieder einmal auf den Weg zum Bürgermeister. Dieses Mal war er sofort geneigt, ihr zu helfen. Doch die größte Hürde war, um diese Jahreszeit ein Feuerwerk zu organisieren. Und wieder halfen alle Dorfbewohner zusammen, und am 30. September gab es ein gewaltiges Feuerwerk, das Marie von ihrem Fenster aus bewundern konnte. Am 1. Oktober kam die örtliche Blaskapelle, um das neue Jahr einzuspielen, und am 6. Oktober erschienen die Heiligen Drei Könige auf dem Hof.

Zum echten Weihnachtsfest am 24. Dezember brauchte Marie mittlerweile weder ihren Rollstuhl noch die Beatmungsgeräte. Die Ärzte erklärten die Kleine für vollkommen genesen und nannten dies ein wahres Wunder!

Der Pfarrer predigte von der Nächstenliebe und dem beispiellosen Zusammenhalt einer Dorfgemeinschaft. Die Rede beendete er mit den Worten: »... durch die Kraft des Glaubens und der Liebe können Wunder geschehen.«

In diesem Moment teilten sich die Wolken, kräftige Sonnenstrahlen brachen sich so ihren Weg durch die bunten Kirchenfenster und erfüllten das ganze Kirchenschiff. Doch meinte jeder zu sehen, dass die kleine Marie von einem ganz besonders hellen Licht umgeben war.

Nicht nur die örtlichen Zeitungen berichteten damals über das Weihnachtswunder vom Samerberg. Diese Geschichte machte über viele Jahre hinweg den Menschen

Mut. Denn sie bewies das Sprichwort: *Die Hoffnung stirbt zuletzt!*

Seit dieser Zeit steht jedes Jahr am Dorfplatz zum 24. September ein Christbaum als Zeichen des Dankes – seine Spenderin: die mittlerweile 50-jährige Marie.

Lilly

Doris Strobl

Lilly schlenderte über den Rosenheimer Christkindlmarkt. Der Schnee fiel in großen Flocken vom Himmel, und bald sah es aus, als würde ein weißer Teppich das Straßenpflaster bedecken.

Lilly blieb an jedem Stand stehen. Sie überlegte, ob sich die angebotenen Waren als Geschenk eignen würden. Es galt, noch viele Weihnachtsgaben zu besorgen. Ob Onkel Alfons an einem Paar Socken Freude hätte? Sollte sie Onkel Klaus wie jedes Jahr ein Buch schenken? Mit welcher Teesorte könnte sie ihre Mama in diesem Jahr beglücken?

»Wir schenken uns dieses Jahr nichts!«, hatte Mama im letzten Jahr verkündet.

»Prima!«, meinte Lilly erfreut. »Das wird mir jede Menge Rennerei ersparen.«

Am Weihnachtsabend stand Lilly dann als Einzige ohne ein Geschenk da, alle anderen hatten für jeden Anwesenden eine »Kleinigkeit« besorgt. Wie peinlich, das würde ihr in diesem Jahr nicht noch mal passieren!

Als sie am Stand des »Entenwirts« vorbeilief und den herrlichen Bratenduft roch, lief ihr das Wasser im Mund zusammen. »Nein, Lilly«, murmelte sie. »Erst werden Geschenke gekauft, und zur Belohnung gibt es ein Entengröstl.«

»Sind Sie immer so vorbildlich pflichtbewusst?«, raunte eine männliche Stimme hinter ihr.

Lilly fuhr erschrocken zusammen. Hatte sie laut gesprochen? Sie drehte sich um, und was sie sah, ließ sie die Antwort auf diese in ihren Augen unverschämte Einlassung vergessen.

Der junge Mann mit dem markanten Kinn und den schwarzen Haaren, die an den Rändern seiner olivfarbenen Strickmütze hervorblitzten, grinste sie frech an. Seine kastanienbraunen Augen blickten amüsiert, als er Lillys Sprachlosigkeit bemerkte.

Er hob seine Hände. Seine bunten Handschuhe waren aus der gleichen Wolle gestrickt wie die Mütze.

»Darf ich Sie zu einem Glühwein einladen?«, forschte er. »Das lockert die Stimmung auf und gibt bestimmt neue Impulse für Geschenkideen.«

Lilly verzog das Gesicht und blaffte ihn an: »Na, Sie haben ja Nerven, mich einfach anzusprechen!«

Sein helles, fröhliches, unbeschwertes Lachen gefiel Lilly, das musste sie sich eingestehen. Überhaupt kam dieser Typ ihrer Vorstellung von einem Traummann sehr, sehr nahe! Groß, breite Schultern, lässiger dunkelblauer Parka. Er strahlte eine unfassbare Leichtigkeit aus. Etwas, das Lilly in den letzten Jahren vollkommen abhandengekommen war.

Er deutete eine Verbeugung an und erklärte mit hoheitsvoller Stimme: »Verzeiht, gnädiges Fräulein, dass ich es wagte, aber der Schnee reflektierte den Glanz eurer Schönheit.«

Jetzt konnte Lilly ein Kichern nicht unterdrücken und sagte kopfschüttelnd: »Na, Sie sind echt dreist!«

Er schüttelte den Kopf: »Ich bin eher schüchtern, aber als ich Sie sah ...«

Er zog den Handschuh von seiner Rechten, streckte ihr die Hand entgegen und sagte: »Ich bin Florian.«

»Und ich muss weiter«, sagte Lilly, drehte sich um und ließ ihn einfach stehen.

Sie lief eilig durch die Standreihen und warf keinen Blick zurück. Hoffentlich folgte ihr der Fremde nicht. Lilly schalt sich töricht. Was wäre denn schon dabei gewesen, mit ihm einen Glühwein zu trinken? Er machte doch einen ganz netten Eindruck! Aber Lilly hatte die Trennung von Sven, die im November des Vorjahres mit unschönen Szenen vonstattengegangen war, immer noch nicht ganz verarbeitet.

Mit dem Argument: »Du bist einfach zu langweilig«, hatte Sven ihre zweijährige Beziehung beendet.

Lillys Selbstbewusstsein erlitt dabei einen Knacks, auch wenn ihre Freundinnen ihr immer wieder versicherten, dass Svens Aussage reiner Blödsinn gewesen sei. Die Erinnerung an diese Kränkung machte sie traurig, und sie schluckte, um die aufsteigenden Tränen zu unterdrücken. Als sie sich wieder gefasst hatte, dachte sie an die Worte ihrer Oma: »Aufstehen, Krönchen richten und weiter.«

Der Verkäufer einer Obdachlosenzeitung ging an ihr vorbei, und abermals fiel Lilly eine Weisung ihrer Großmutter ein: »Tu etwas Gutes, wenn es dir schlecht geht, dann wirst du dich gleich besser fühlen.«

Sie kaufte eine Zeitung, und während sie versuchte, diese so zu falten, dass sie in ihre Handtasche passte, hörte sie eine Stimme: »Wohltätig sind Sie auch noch!«

Zum zweiten Mal in kurzer Zeit fuhr Lilly erschrocken zusammen, wobei Florian, der plötzlich neben ihr stand, sie mit einem freundlichen Lächeln bedachte.

»Sie werden immer mehr zur Traumprinzessin«, stellte er fest. Mit zerknirschtem Gesichtsausdruck fragte er: »Was muss ich denn tun, dass Sie mit mir einen Glühwein trinken und mir Ihren Namen verraten?«

Lilly quetschte die Zeitung in ihre Tasche und schloss den Reißverschluss, was ihr die Gelegenheit gab, ein wenig über Florians Angebot nachzudenken.

Schließlich gab sie sich einen Ruck und entgegnete: »Verfolgen Sie mich?«

Wieder lachte er lauthals und meinte: »Reiner Zufall, Sie stehen vor meinem Verkaufsstand!«

Erstaunt blickte Lilly auf das Warenangebot. An der Wand des Holzhäuschens entdeckte sie Schals, Babydecken und Schultertücher, während im vorderen Bereich Socken, Mützen und Handschuhe präsentiert wurden. In der Ecke saß eine grauhaarige Dame und strickte. Sie blickte nun hoch und rief: »Flori, bringst du nun jede Kundin persönlich an den Stand?«

»Nein Oma, nur dieses ganz besonders hübsche Exemplar«, feixte Florian.

»Darf ich vorstellen, das ist meine Oma Vroni. Oma, dieses zauberhafte Wesen heißt ...«

Er stockte und sah Lilly auffordernd an. »Raffiniert eingefädelt«, bemerkte Lilly schmunzelnd, »Lilly, ich heiße Lilly!«

»So ein hübscher Name«, sagte Oma Vroni.

»Ich habe Lilly auf einen Glühwein eingeladen, kann ich dich noch so lange hier alleine lassen?«

»Geh nur«, sagte Vroni gutmütig. »Es ist ja noch nicht so viel los auf dem Markt!«

Als Lilly mit Florian auf einen der zahlreichen Glühweinstände zusteuerte, warf er ihr einen tiefen Blick zu, und Lilly wurde ganz flau im Magen, als sie in seine Augen blickte.

»Lilly, ich glaube an die Macht des Schicksals. Und du kommst mir wie ein Engel vor, der mir geschickt wurde.«

»Jetzt übertreibst du aber«, sagte Lilly und wunderte sich, wie schnell sie zum Du übergegangen waren.

»Wir wollen doch ›Du‹ sagen, oder?«, meinte Florian. »Ich denke, du bist so alt wie ich. So um die dreißig, oder?«

Lilly nickte.

»Kinderpunsch oder echten Glühwein?«

Lilly entschied sich für Glühwein und schloss ihre Hände um die heiße Tasse. »Brrr, ist das eiskalt heute ... Strickt deine Oma die schönen Sachen alle alleine?«, forschte Lilly.

»Das machen wir zusammen«, erklärte Florian. »Im Winter sitzen wir am Abend gemütlich am Kachelofen und produzieren die Ware für den nächsten Christkindlmarkt. Und im Sommer werkeln wir auf der Bank unter dem Apfelbaum. Oma häkelt auch Deckchen und Dreieckstücher, ich beschränke mich aufs Stricken.«

»Ich kannte bisher noch keinen Mann, der stricken kann«, sagte Lilly anerkennend. »Ich hab mit

Handarbeiten gar nichts am Hut. Fürs Nähen, Stricken, Häkeln und Sticken fehlt mir die Geduld.«

Gerade wollte ihr Florian antworten, als ein Hund mit schwarzem, zotteligem Fell auf sie zuschoss.

»Zottel! Halt!«, brüllte Florian und versuchte, den Hund am Halsband zu fassen. Aber er hatte eine Sekunde zu spät reagiert, und der Hund, der Lilly fast bis zur Hüfte reichte, sprang sie an, wobei er mit den Vorderpfoten fast auf ihren Schultern gelandet wäre.

Lilly tat einen entsetzten Aufschrei, als der Glühwein aus der Tasse schwappte und sich über ihren beigefarbenen Wintermantel ergoss. Sie ließ die Tasse fallen, um sich des schwarzen Ungetüms zu erwehren, das sich abermals aufrichtete und nun auch noch versuchte, ihr Gesicht abzulecken.

Endlich gelang es Florian, den Hund von Lilly wegzuzerren.

»Zottel, aus! Schluss jetzt!«, donnerte Florian und hielt ihn fest.

»Das Vieh gehört dir?«, schimpfte Lilly. »Mein Mantel ist ruiniert. Diese Flecken bekomme ich nie wieder raus. Wie kann man denn so einen großen Hund frei herumlaufen lassen?«

»Das hat er noch nie gemacht«, sagte Florian kleinlaut. »Er ist echt harmlos und lieb, obwohl er nicht so ausschaut.«

»Von wegen harmlos«, schnaubte Lilly wütend.

»Ehrlich jetzt, das macht er nicht bei jedem! Zottel mag dich!«

»Ach ja? Das zeigt er aber auf äußerst eigenwillige Art und Weise«, sagte Lilly ein wenig besänftigt.

»Wartest du hier? Ich bringe Zottel an den Stand zurück«, meinte Florian. »Er ist nämlich schon in aller Früh ausgebüxt. Und wegen deinem Mantel müssen wir uns auch etwas überlegen.«

»Schon gut«, sagte Lilly matt und sah kopfschüttelnd Florian nach, der mit Zottel davonging. Sie suchte in ihrer Handtasche nach Papiertaschentüchern und rieb an ihrem Mantel herum, was das Malheur eher noch verschlimmerte. Schließlich gab Lilly auf und bestellte sich noch einen Glühwein.

Zwei Mädchen staksten in hochhackigen Stiefeln auf den Glühweinstand zu. Als sie ihre Tassen in den Händen hielten, sagte die Schwarzhaarige: »Ich glaube, ich habe eben Florian mit Zottel gesehen!«

»Echt, wo denn?«, forschte das andere Mädchen, deren rotblonde Locken unter einem blauen Hütchen hervorquollen.

Die Schwarzhaarige machte eine unbestimmte Handbewegung und gluckste: »Ob wohl wieder eine Tussi auf die ›Mein-Hund-mag-dich‹-Nummer reingefallen ist?«

Lilly spürte, wie ihr das Blut in die Wangen schoss. Peinlich berührt wandte sie sich ab und verließ fluchtartig den Stand. Erst auf dem Weg zum Bahnhof bemerkte sie, dass sie noch immer die Tasse umklammert hielt.

Einige Passanten musterten sie kopfschüttelnd. *Ich muss ein schauerliches Bild abgeben, mit dem verschmutzten Mantel und der Glühweintasse in der Hand,* dachte Lilly.

Traurig darüber, dass sie sich in Florian derart getäuscht hatte, stieg sie in den Zug und fuhr nach Prien am Chiemsee zurück. Sie war erst vor einigen Wochen hierhergezogen, nachdem ihr eine verstorbene Tante eine Wohnung in der kleinen Gemeinde vermacht hatte. Jetzt, da der gesamte Nachlass geregelt war, wollte sich Lilly langsam wieder nach einem Job umsehen. Als gelernte Köchin würde das in einer Tourismusregion sicher kein Problem darstellen.

Im Zug verdrückte Lilly ein paar Tränen, wieso lernte sie immer derartige Männer kennen? Sie wünschte sich so sehr, endlich einen netten, jungen Mann zu finden, der es ehrlich mit ihr meinte und mit dem sie eine Familie gründen konnte.

Auch in den nächsten Tagen gingen ihr Florians schöne dunkle Augen nicht mehr aus dem Sinn. Am zweiten Dezemberwochenende fuhr Lilly dann zur Fraueninsel.

Eine Inselgastwirtin suchte eine Köchin, und die Stellenbeschreibung klang ansprechend. Schon wenige Tage, nachdem sie die Bewerbung abgeschickt hatte, meldete sich die Wirtin bei ihr: »Kommen Sie am Samstag zum Vorstellungsgespräch. Unser Christkindlmarkt ist sehr ursprünglich und romantisch, das sollten Sie sich nicht entgehen lassen.«

Lilly erschrak, als sie der Menschenmenge ansichtig wurde, die sich auf das Schiff schob. Der strahlend blaue Himmel und die einzigartige weihnachtliche Inselstimmung lockten viele Besucher an. Sie hatte Glück und ergatterte einen Sitzplatz am Fenster. Als das Klostergebäude sichtbar wurde und das Anlegemanöver begann, ging sie auf das obere Schiffsdeck und genoss den Anblick, der sich ihr bot. Kleine Holzhäuschen standen auf den Wiesen und den

Uferflächen. Manche Standbetreiber sorgten mit frischen Tannenzweigen für eine ansprechende Dekoration.

Lilly umrundete erst einmal das kleine Eiland, betrachtete die angebotenen Waren und freute sich darüber, dass es keinen Kitsch und Tand gab, sondern hochwertige handwerkliche Erzeugnisse. Am Stand einer Konditorei wurde Lilly schwach und erwarb einige Lebkuchen und einen Ministollen. Sie packte alles in ihren Rucksack und ließ sich später ein gebackenes Chiemseefischfilet in der Semmel schmecken, bevor ihr erneut ein verführerischer Duft in die Nase stieg.

Sie konnte nicht widerstehen und orderte am Bratwurststand eine rote Wurst, die ihr mit einem Stück Brot gereicht wurde. Suchend sah sie sich um und entdeckte ein kniehohes Fass, auf dem sie ihren Pappteller abstellte, um ihre Geldbörse zu verstauen.

»Vorsicht!«, hörte sie eine warnende Stimme rufen. Doch da war es schon zu spät. Ein großer schwarzer Hund schnappte sich schnell und geschickt die Wurst und jagte davon.

»Zottel!«, schrie Lilly erbost. Wo kam dieses Vieh her? *Wenn der Hund hier ist, dann kann Florian auch nicht weit sein,* dachte sie. Mit schnellen Schritten lief sie die Stände ab, doch sie konnte Florian nirgends entdecken.

Als die Turmuhr des »Campanile« der Klosterkirche schlug, beschleunigte sie ihren Schritt. Höchste Zeit! In einer Viertelstunde sollte ihr Vorstellungsgespräch in der Gastwirtschaft »Zum Benedikt« stattfinden.

Schnell fand sie das imposante Wirtsgebäude, dessen rustikaler Landhausstil gut in die Gegend passte. Sie trat ein, durchquerte den gut gefüllten Gastraum und ging zur Theke. Dort fragte sie nach der Wirtin und stand bald einer Mittfünfzigerin gegenüber, die ein hochgeschlossenes, langärmliges Winterdirndl trug. Ihr hübsches Gesicht, mit ersten feinen Fältchen durchzogen, wurde von weichen blonden Locken umrahmt. Sie streckte Lilly die Hand entgegen und sagte herzlich: »Grüß Gott, ich bin Frau Weichseleder. Schön, dass Sie gekommen sind. Wie gefällt Ihnen unsere Insel?«

Lilly erwiderte ihr Lächeln und antwortete: »Mein Name ist Lilly Kramer, und was ich bisher gesehen habe, fand ich wunderschön, aber die vielen Leute ...«

»Sind gut fürs Geschäft«, bemerkte die Wirtin fröhlich. »Die restlichen Wintermonate sind ja sehr ruhig, erst im Sommer strömen die Besucher wieder hierher. Dann brauche ich eine zuverlässige Köchin, die zupacken kann und bei großem Andrang nicht gleich zusammenklappt. Oft richten wir auch Hochzeiten aus, dann geht es hier richtig rund. Kommen Sie, wir gehen ins Nebenstüberl, da können wir uns in Ruhe unterhalten.«

Das Gespräch verlief in entspannter Atmosphäre, und schon bald waren sich die beiden Frauen einig. Frau Weichseleder zeigte ihr das Haus und die Gästezimmer im ersten und zweiten Stock.

Der Rundgang endete in der Küche. »Unser Glanzstück«, sagte Frau Weichseleder sichtlich stolz. »Hier wurde im letzten Jahr alles neu gemacht.«

»Ich bin beeindruckt«, meinte Lilly und erklärte sich mit einem Probearbeitstag einverstanden.

»Kommen Sie, ich will Sie meinem Sohn, dem Juniorchef vorstellen, mein Mann ist leider vor drei Jahren verstorben«, sagte Frau Weichseleder.

Sie stiegen die geschnitzte Holzstiege in den ersten Stock hinauf, und Frau Weichseleder blieb vor einer Tür mit der Aufschrift »Büro/Privat« stehen. Sie trat ein, und Lilly starrte ungläubig auf den Mann, der hinter dem wuchtigen Eichenschreibtisch saß.

Er hob seinen Blick, starrte auch Lilly an und sprang dann von seinem Stuhl auf. »Lilly!«, rief er und erklärte seiner Mutter: »Das ist der Traumengel, von dem ich dir erzählt habe!«

Während Lilly völlig verdattert von einem zum anderen blickte, ergriff Florian ihre beiden Hände und sagte: »Ich lass dich nimmer los. Wir beide sind füreinander bestimmt, ich hab es vom ersten Augenblick an gewusst.«

Lilly fand langsam ihre Sprache wieder. »Juniorchef?«, stammelte sie. »Aber du hast mir doch erzählt, dass du mit deiner Oma am Kachelofen sitzt und strickst«, sagte Lilly verwirrt.

»Das stimmt ja auch«, bestätigte er. »Aber halt erst, wenn die Arbeit in der Wirtschaft getan ist. Ich habe dich verzweifelt überall gesucht. Warum hast du denn nicht am Glühweinstand auf mich gewartet?«

Lilly erzählte ihm etwas verlegen, was die beiden Mädchen über ihn gesagt hatten.

Frau Weichseleder schüttelte den Kopf und rief empört: »Das war bestimmt Sabine, Florians Verflossene. Erst hat sie ihn mit einem anderen Mann betrogen, und nun zieht sie seit der Trennung über ihn her. Sie hat euch bestimmt zusammen gesehen und wollte Florian eins auswischen.«

»Aber das Schicksal hat uns wieder zusammengeführt«, sagte Florian und strahlte so glücklich, dass Lilly Tränen der Rührung in die Augen stiegen.

Frau Weichseleder sagte: »Das Schicksal oder die Hilfe der seligen Irmengard, der ich eine dicke Kerze gespendet habe, damit sie mir bei diesem Anliegen unterstützend zur Seite steht.«

»Mama hat es nicht ganz uneigennützig getan«, erklärte Florian. »Sie wünscht sich endlich eine Schwiegertochter und vor allem Enkelkinder!«

Lilly spürte, dass ihr die Hitze in die Wangen stieg und fragte: »Ist Irmengard die Inselheilige?«

»Ja«, sagte Florians Mutter. »Sie lebte um 850 als Äbtissin im Kloster und wird seitdem als Fürsprecherin verehrt. Viele Bräute legen auch ihren Hochzeitsstrauß vor ihrem Schrein in der Irmengard-Kapelle ab.«

Florians helles Lachen ertönte, und er sagte: »Siehst du, Lilly, Mama denkt gleich noch weiter.«

Dann wurde sein Gesicht wieder ernst, und er zog Lilly näher an sich heran. Ihr Herz schlug schneller, als sich ihre Blicke trafen und ineinander versenkten.

»Kannst du dir vorstellen, mich auch ein bisserl zu mögen?«, wisperte Florian.

»Ein bisserl vielleicht«, flüsterte Lilly, während sich das angenehme Kribbeln in ihrem Bauch verstärkte.

Florians Mutter murmelte: »Ich gehe mal lieber ins Restaurant und schaue, ob dort alles in Ordnung ist.« Sie wandte sich ab und öffnete die Türe.

Florian zog Lilly an sich, sein Mund näherte sich dem ihren, als etwas gegen sie stieß und sie fast zu Fall brachte.

»Zottel!«, riefen sie wie aus einem Mund, während der Hund wie wild um sie herumsauste und versuchte, an Florian und Lilly hochzuspringen. Lachend wehrten sie ihn ab, bis Frau Weichseleder herbeieilte und den Hund am Halsband packte. Während sie den widerstrebenden Zottel aus dem Zimmer zerrte, rief sie: »Ja, muss man denn euch jungen Leuten alles anschaffen! Jetzt gebt euch doch endlich mal ein Busserl!«

Frohe Weihnachten, liebe Anna

Miriam Geimer

Ich wusste, dass meine Chefin keine guten Nachrichten brachte, als ich ihr Gesicht sah.

»… Darum ist es uns leider nicht möglich, Sie, Frau Anna Lenhart, länger in unserem Betrieb zu beschäftigen«, sagte sie voller Genugtuung und sah mich herausfordernd an. Doch nach sechs Monaten ihrer Demütigungen vermochte ich meiner Vorgesetzten keinerlei Gegenwehr mehr entgegenzubringen. Wäre ihr Vater in der Anfangszeit nicht so freundlich zu mir gewesen, hätte ich es nicht einmal die sechs Monate ausgehalten. Doch vor ein paar Wochen war er in Rente gegangen, und ich hatte zu lange allein mit seiner unleidlichen Tochter im Reisebüro gesessen.

Gerade hatte ich die erste Arbeitsstelle meines Lebens verloren und war mir keineswegs sicher, ob ich traurig oder froh darüber sein sollte. Wortlos stand ich auf, zog meine Jacke an, nahm meine Handtasche und verließ das Büro.

Heute ließ mich die kalte Luft nicht frösteln. Auf den Straßen Rosenheims empfand ich es erträglicher als in dem Raum, in dem ich noch bis vor fünf Minuten gearbeitet hatte.

Ziellos lief ich durch die weihnachtlich geschmückte Stadt, drängte mich durch den Strom der Menschen, die mit großen Tüten beladen den Verlockungen der Geschäfte erlagen oder sich den verschiedensten Köstlichkeiten des Christkindlmarkts zuwandten. Neidisch betrachtete ich die fröhlichen Gesichter, in denen keine Spuren von Sorgen oder Traurigkeit zu entdecken waren. Es musste eine Ewigkeit her sein, seit auch ich mich so unbeschwert gefühlt hatte. Dieses Jahr empfand ich den vorweihnachtlichen Trubel mit all seinen Freuden und Genüssen wie eine Verhöhnung.

Der geplante Umzug in eine erste eigene Wohnung, gemeinsam mit meinem Freund, war ohne mein Einkommen ausgeschlossen. Entsprechend groß würde Markus' Enttäuschung sein. Ganz zu schweigen von meinen Eltern! Wie sollte ich ihnen erklären, dass ich ihren Erwartungen nicht gerecht werden konnte?

Meine Schulnoten waren nicht die besten. Niemand riss sich um einen Versager. Eine neue Arbeit würde schwer zu finden sein.

Es begann zu schneien. Große schwere Flocken bedeckten meinen Weg, von dem ich kaum mehr aufsah. Ein plötzlicher Stoß gegen meine Schulter ließ mich erschrocken aufblicken. »Pass doch besser auf, verdammt!«, knurrte mich ein Mann mit einer Tasse Glühwein in der Hand an und wischte sich missmutig seinen Arm mit einer Serviette ab. Ich musste ihn versehentlich angerempelt haben.

»Oh, das tut mir sehr leid!«, entschuldigte ich mich betroffen. Doch der Mann schüttelte nur entnervt den Kopf und wandte sich seinen umstehenden Freunden zu, die mich mit den gleichen verächtlichen Blicken straften.

Aber es war doch ein Versehen! – wollte ich mich verteidigen, starrte aber nur noch auf eine Wand aus Rücken. Das Signal war deutlich. Ich wandte mich ab und ging weiter. Tränen drängten in meine Augen. Hier und jetzt verletzte mich die Abneigung dieser Fremden. An jedem anderen Tag hätte ich es leichter genommen – nur heute nicht, da ich mich bereits wie beim Boxen ausgezählt am Boden liegend fühlte. Ich wischte mir die Tränen von den Wangen und suchte meinen Weg aus dem Gedränge. Gedankenverloren ging ich weiter durch die Straßen, bis sich die Häuser lichteten. Ich wusste nicht wohin, nur dass ich nicht nach Hause wollte, wo meine Eltern mir womöglich zur bestandenen Probezeit gratulierten. Ich wollte jetzt nichts erklären, mich nicht verteidigen. Ich musste erst zur Ruhe kommen, brauchte etwas Zeit für mich.

Die hell erleuchtete Stadt mit ihrem vorweihnachtlichen Treiben lag bald hinter mir, und meine Schritte durch die schmalen Straßen der Vorstadt wurden zügiger. Eine mächtige Schneedecke verbarg Wiesen und Bäume und erhellte die Dunkelheit.

Solange ich denken konnte, war die Natur mein Rückzugsort gewesen. Fern der Menschenmassen fühlte ich mich geborgen und sicher, hier vermochte ich wieder klar zu denken.

Der Kapellenweg führte mich am Friedhof vorbei in ein kleines Wäldchen, das einen Baumstumpf beherbergte. Dort hatte ich schon gesessen, als ich mich zum ersten Mal verliebte und auch als Markus und ich das erste Mal stritten. Dort hatte ich geweint, gehofft, geträumt und genossen.

Mit meinen Handschuhen schlug ich den Schnee beiseite und setzte mich. Nur langsam begann sich meine Anspannung zu lösen. Ich sog die frische Winterluft tief in meine Lungen. Ihre Klarheit half mir, mich zu fangen. Wenige Meter vor mir hatte jemand Körner für die Vögel verstreut, über die sich ein paar hungrige Meisen freuten. Eifrig pickten und hüpften sie, bis sie gesättigt davonflogen. Es war schön zu sehen, dass sie in ihrer Not einen Helfer gefunden hatten, einen menschlichen Engel, der ihnen beistand.

»Könnte ich jetzt auch gebrauchen«, sagte ich leise zu mir selbst und rieb meine Arme. Der Kälte, die beharrlich durch meinen Mantel kroch, konnte ich nicht viel entgegensetzen. Sie verteilte sich in meinem Körper und ließ mich frösteln. Zitternd zog ich meine Handschuhe wieder an und überlegte, mich auf den Heimweg zu machen. Doch ich verfing mich wieder in meinen Gedanken über mein Gefühl der Aussichtslosigkeit, und die Temperaturen rückten in den Hintergrund.

Ich dachte an meine Eltern und meinen Freund und die Feindseligkeit, die meine ehemalige Vorgesetzte gegen mich hegte. Hatte sie einen Grund? War ich wirklich eine so schlechte Mitarbeiterin? Wenn sie recht hatte – was sollte ich dann mit meinem Leben anfangen? Alle hatte ich enttäuscht. Ich schämte mich und wollte ihnen nie wieder unter die Augen treten. Mit gesenktem Kopf verfolgte ich die Flocken, die sich mit dem Meer aus bereits gefallenem Schnee verbanden. Es wurde kälter, und die Flocken wandelten sich zu Kristallen, die wie Diamanten funkelten. Fasziniert betrachtete ich auf meinen Handschuhen ihre

Vollkommenheit. Je länger ich sie ansah, umso deutlicher wurde ein goldener Schimmer, der aus ihnen heraus zu glühen schien. Ich glaubte an eine Sinnestäuschung und begutachtete sie von Nahem. Kein Zweifel, das Glühen war echt. Aber das widersprach doch allen physikalischen Gesetzen. Ich wollte sehen, woher sie kamen, und stand auf, um zu einer kleinen Lichtung zu gehen. Da erblickte ich am Nachthimmel unzählige kleine Lichter. Das konnten unmöglich Sterne sein, denn sie bewegten sich. War es möglich? Konnte es sein, dass sie tanzten? Ihre Bewegungen wirkten verspielt, sogar fröhlich. Goldene Funken umgaben ihren hellen Schein und regneten sanft zu mir herab. Je länger ich ihnen dabei zusah, umso deutlicher hörte ich eine Melodie. Es war ein leiser Gesang, der so klar und rein war, wie ich ihn noch nie zuvor vernommen hatte. Hypnotisiert verfolgte ich das unerklärliche Schauspiel am Firmament, dessen Schönheit mir den Atem raubte.

Plötzlich löste sich eines der Lichter aus der Menge und schwebte auf mich zu. Je näher der glühende Punkt kam, desto deutlicher wurde seine Gestalt – eine Gestalt mit Flügeln und wallendem goldenem Haar: ein Engel!

Meine Tasche entglitt meinen klammen Fingern und fiel in den Schnee. Ungläubig betrachtete ich das Himmelswesen, das nun in all seiner funkelnden Pracht mit nackten Füßen vor mir im Schnee stand. Aus seinem zarten Gesicht lächelte mich ein goldbraunes Augenpaar wohlwollend an. »Morgen ist Weihnachten«, sagte er mit einer glasklaren Stimme. Ich nickte nur stumm und wartete, unfähig zu reagieren.

»Das ist nicht der richtige Ort für den Abend vor Weihnachten, mein Kind!«, fuhr er mit sanfter Stimme fort. Er schien auf eine Antwort zu warten. Ich löste mich aus meiner Starre. »Wer bist du?«, fragte ich noch leicht benommen, »ein Engel?«

Die schöne Gestalt nickte. »Ein Vorbote der Weihnacht.« Er legte seinen Kopf zur Seite. »Und nun sag du mir, warum du hier in der Kälte sitzt?«

»Es ist so schön hier, keine Hektik, keine Menschen«, bemühte ich mich um eine Erklärung, »... nur der Himmel und der Wald.« Meine Worte klangen wenig überzeugt.

Auch der Engel schien eine andere Antwort erwartet zu haben. Er blickte tief in meine Seele. Ich fühlte mich ertappt. Also begann ich erneut, dieses Mal ehrlicher: »Ich habe alle enttäuscht«, brach es aus mir hervor, »sogar meine Arbeit habe ich verloren, weil ich alles falsch gemacht habe. Meine Eltern warten zu Hause, und ich weiß nicht, wie ich ihnen mein Versagen erklären soll.« Ich seufzte. »Und das vor Weihnachten.« Tränen füllten meine Augen, als ich fortfuhr: »Nächstes Jahr wollte ich mit meinem Freund in unsere erste gemeinsame Wohnung ziehen, die wir uns bereits ausgesucht haben. Aber das geht ja jetzt nicht mehr.« Ich schniefte. »Ohne Arbeit.« Mir wurde mein weinerlicher Ton bewusst, und ich schüttelte resolut den Kopf, wischte mir die Tränen aus dem Gesicht und schnaufte trotzig. »Aber damit komm ich schon klar.«

Noch immer sah er mich an, und ich wusste nicht, ob er mich überhaupt verstanden hatte. Schließlich hatte ich meine Sorgen wie einen Wasserfall über ihn ausgeschüttet. Unsicher wartete ich ab. Dabei fiel mir seine filigrane Statur auf. Zart und leicht durchsichtig wirkte seine Erscheinung, die ein magischer Lichtschein umgab, während mich seine Größe beeindruckte. Wortlos streckte er seine Hand nach mir aus. Ich ergriff sie, ohne einen Augenblick nachzudenken, und spürte einen warmen Schauer durch meine Adern strömen. Sanft zog er mich zu sich heran und legte seine Arme um meinen Körper. Im selben Moment versagten meine Sinne. Wir drehten uns, wurden immer schneller, und ich presste ängstlich meine Augen zusammen. Plötzlich spürte ich keinen Boden mehr unter meinen Füßen, nur noch die wärmende Nähe des Engels. Ich glaubte zu schweben und blickte vorsichtig um mich. Die funkelnde Lichterschar war nicht mehr über mir. Ich befand mich mitten unter ihnen. Sie waren nun ebenfalls deutlich als Engel erkennbar und begrüßten mich mit jubilierendem Gesang. Eine vollkommene Glückseligkeit berauschte mein Herz.

Weit unter mir sah ich die Lichter der Stadt, der ich gerade entflohen war. Sie war so fern wie meine Sorgen. Meine Seele und mein Körper waren schwerelos.

Beschwingt begann ich, mich auszuprobieren. Die Leichtigkeit, mit der ich mich zu bewegen vermochte, machte mich übermütig. Ich tanzte und schwebte von einem Engel zum nächsten. Lachend breiteten sie ihre Arme aus und drehten sich mit mir über dem Nachthimmel. Keinerlei Grenzen dämpften meine Ausgelassenheit – bis ich die freundliche Stimme des Engels wieder vernahm: »Dies ist mein Geschenk an dich, kleine Anna!«

Ich hielt inne. »Du kennst meinen Namen?«

Der Engel nickte nur und fragte: »Freust du dich nicht?«

Statt vieler Worte schwebte ich auf ihn zu, umarmte ihn und sagte nur: »Vielen Dank! Das ist so wunderschön! Ich will nie wieder weg!«

Sanft strich er mir über das Haar. »Du trägst diesen Ort immer in dir. Du allein entscheidest, wie oft du ihn aufsuchst.«

Verwundert wich ich zurück und hakte nach: »Bedeutet das, du hast mir die Gabe des Fliegens geschenkt?«

»Du musst nicht fliegen können, um glücklich zu sein.«

»Aber diese Sorglosigkeit, dieses Gefühl der Grenzenlosigkeit ...«

»Das ist immer da. Es ist ein Teil von dir. Ich habe dich nur darauf aufmerksam gemacht. Vergiss es nicht, wenn du mal wieder glaubst, vor einem Hindernis zu stehen!«

»Aber auf der Erde bin ich ein Versager und hier oben kann ich fliegen und tanzen ...«

Im sanften Blick meines Freundes las ich Verständnis. Ich musste ihm nichts erklären, er wusste es bereits.

Wortlos streckte er abermals seine Hand nach mir aus. Dieses Mal zögerte ich, bevor ich sie ergriff. Noch schöner konnte es nicht werden, und ich befürchtete, dass er mich wieder zurück in die Kälte befördern könnte. Doch stattdessen durchfuhr mich schon bei der Berührung seiner Hand ein heftiger Blitz, der mich für den Bruchteil einer Sekunde besinnungslos machte. Als ich meine Augen öffnete, sank mein Herz, denn ich fand mich an einem Ort wieder, von dem ich gerade erst gehofft hatte, ihn auf ewig hinter mir gelassen zu haben – im Reisebüro.

Ich versuchte zu verstehen, was geschehen war. Hatte ich die Entlassung und die Begegnung mit dem Engel nur geträumt? War ich bewusstlos gewesen und hatte fantasiert?

Stimmen drangen aus einem anderen Raum an mein Ohr. Sie waren mir seltsam vertraut. Verwundert folgte ich der Richtung, aus der sie kamen. Ihr fröhlicher Klang verursachte einen unerklärlichen tiefen Schmerz in meinem Herzen, rief eine Trauer hervor, die mir fremd und unverständlich war.

Vorsichtig schlich ich aus der kleinen Büroküche in den Flur und warf einen kurzen Blick um die Ecke. An den Schreibtischen saßen mein Chef und – ich! Verwirrt sah ich an mir herunter. War ich ein Geist? Mit meinen Händen tastete ich hektisch meinen Körper ab und bemerkte Ringe und Ketten, die mein Budget weit überschritten. Doch sie waren mir bekannt. Aber das konnte doch nicht sein! So leise ich konnte, hastete ich zum Spiegel im Bad. Das Gesicht, das mich entgeistert anstierte, war das Gesicht meiner Chefin. Schockiert taumelte ich zurück, verlor den Halt und stürzte rückwärts ins Nichts – bis mich die Arme meines Engels auffingen. Schnell sah ich mich um und erkannte erleichtert, dass wir uns wieder über der Stadt befanden, fern meines ehemaligen Arbeitsplatzes. Rasch vergewisserte ich mich meines eigenen Körpers und warf meinem neuen Freund einen unsicheren Blick zu. »Sollte das ein Spiel sein? Das hat aber keinen Spaß gemacht.«

Der Engel wirkte belustigt, »Beschwer dich nicht, kleine Anna! Du hast nur die Botschaft nicht verstanden.« Seine schlanke Hand deutete auf mein Herz. »Geh in dich!«

Kaum hatte er es ausgesprochen, begriff ich. Der Schmerz, den ich als meine ehemalige Chefin verspürt hatte, war Eifersucht gewesen. Die aufgeschlossene Herzlichkeit ihres Vaters mir gegenüber hatte ihr die eigene jahrzehntelange Vernachlässigung bohrend bewusst gemacht. Meine Anwesenheit musste ihr unerträglich gewesen sein.

Somit hatte die Entlassung nichts mit mir und meinen Fähigkeiten zu tun, sondern alleine mit ihr und ihrem Verhältnis zu ihrem Vater.

Diese Erkenntnis war nicht nur eine Erleichterung – sie war ein Befreiungsschlag. Sie öffnete die Tür zu dem Verlies, in das ich mich selbst gesperrt hatte, und gab mir den Glauben an mich selbst zurück.

»Du hast verstanden.« Der Engel nickte zufrieden und fügte hinzu: »Bewahre dir diese Erkenntnis! Ebenso die innere Unbeschwertheit, die du verspürtest, als du hier oben so losgelöst mit uns Engeln getanzt hast. Verbaue dir nicht den Zugang zu diesem Gefühl mit dem Ballast deiner Mitmenschen.«

»Aber der Ballast wurde im Moment der Kündigung zu meinem Ballast«, widersprach ich.

»Nein, er wurde zu einer Veränderung deines Lebensweges – wahrscheinlich zu einer Verbesserung – mehr nicht.«

Noch während ich über seine Worte nachdachte, fuhr er fort: »Manch einen plagt die Eifersucht, andere die Kündigung und wieder andere ein vorangegangener Streit.« Er zwinkerte, und ich wusste sofort, dass er mit Letzterem den Mann vom Christkindlmarkt meinte, den ich versehentlich angerempelt hatte.

»Genieße dein Leben! Du trägst die Freiheit in dir ...!« Wie ein Zauber legten sich seine Worte um mein Herz und schenkten mir einen tiefen inneren Frieden. Ich schloss meine Augen und genoss den angenehm warmen Schauer auf meiner Haut. Nein, er war unter meiner Haut. Mein Körper war schwerer. Meine Empfindungen wurden klarer. Ich konnte sie besser lokalisieren. Auch mein Gehör schien zu erwachen, denn ich vernahm mit einem Mal Stimmen. Verwundert öffnete ich meine Augen. Ich lag in einem Bett und atmete in eine Sauerstoffmaske. Hinter mir tönte das gleichmäßige Piepsen elektronischer Geräte. Offensichtlich befand ich mich in einem Krankenhaus. War das wieder eine Lektion meines Engels?

»Gott sei Dank, sie ist wach!«, vernahm ich plötzlich die sanfte Stimme meiner Mutter neben meinem Bett: »Anna, wir sind hier!«

Ich drehte meinen Kopf zur Seite und blickte in sorgenvoll gerötete Augen. »Mama, was machst du denn hier? Was ist los? Hast du geweint?« Sie beugte sich über mich und küsste mich auf die Wange: »Wir haben uns so viele Sorgen um dich gemacht.«

»Aber warum denn? Es geht mir doch gut. Was mache ich überhaupt hier?«

»Du wurdest halb erfroren in der Nähe des Kapellenwegs gefunden«, vernahm ich die tiefe Stimme meines Vaters, der sich nun über meine Mutter zu mir beugte, »Spaziergänger haben dich gefunden und den

Notarzt alarmiert. Der hat dich umgehend ins Krankenhaus gebracht.«

»Warum nur, Anna?«, bohrte meine Mutter, »du hättest sterben können! Was hast du dort gemacht? Warum bist du nicht nach Hause gekommen?«

Ich spürte wieder den Stich, der mich gleich nach der Kündigung geplagt hatte, doch nun von meinen wundervollen Erlebnissen mit dem Engel überlagert wurde, und ich antwortete gelöst: »Ich habe meine Arbeit verloren. Aber macht euch bitte keine Sorgen! Ich werde ...«

»Ach, das wissen wir doch längst«, unterbrach mich mein Vater, »Herr Blank rief noch gestern Abend an und erzählte uns von einer neuen Stelle bei einem seiner ältesten Freunde. Man wartet dort nur noch auf deinen Anruf. Aber ...«, er fuhr mit eindringlichem Ton fort, »das ist doch kein Grund, dich im Wald zu verstecken!« Seine Stimme wurde sanfter: »Wir sind eine Familie, Anna. Es gibt keine Probleme, die wir nicht gemeinsam lösen könnten.«

Kleinlaut stimmte ich ihm zu. Im Nachhinein war mir mein Verhalten selbst unverständlich. Aber mein Vater hatte noch etwas gesagt, das ich nun genauer wissen wollte: »Herr Blank hat angerufen und mir eine neue Stelle besorgt?«

»Herr Blank hält viel von dir. Er hat sich sehr für dich eingesetzt.«

Aufgeregt wollte ich mich aufsetzen, wäre am liebsten aus dem Bett gesprungen, doch die Schwester, die gerade durch die Tür kam, presste mich sanft zurück ins Kissen, »Sie sind noch nicht so weit, junge Frau!« Sie lachte herzlich. »So schön Ihre schnelle

Genesung auch ist, müssen wir doch noch etwas geduldig sein.« Gehorsam glitt ich wieder zurück unter die Bettdecke, denn meine müden Gliedmaßen gaben ihr recht. Meine Eltern erkannten offenbar, dass ich noch ruhebedürftig war, und verabschiedeten sich bis zum nächsten Tag.

Die Schwester prüfte die Geräte und die Infusionszufuhr. Als sie sich meinen Zugang ansah, hielt sie inne: »Das ist aber ein schöner Weihnachtsstern«, sagte sie plötzlich und nahm etwas aus meiner Hand. »Den stellen wir aber lieber auf das Nachtkästchen, damit er nicht kaputtgeht.«

Ich folgte ihren Bewegungen mit den Augen und erkannte erstaunt die goldene Flocke, die ich in der Nacht vor meiner Begegnung mit dem Engel aufgefangen hatte. Die Begegnung war real gewesen – es gab ihn wirklich! Ich hatte weder geträumt noch fantasiert. Der Engel, seine Botschaft und das Glücksgefühl – alles war wirklich und wahrhaftig.

Mit einem glückseligen Lächeln über mein wunderschönes Erlebnis und die positive Entwicklung mit meiner neuen Arbeitsstelle schloss ich meine Augen und glitt in das Land der Träume. Aus der Ferne hallte die Stimme eines lieb gewonnenen Freundes: »Frohe Weihnachten, liebe Anna!«

Der blaugrüne Paraiba-Turmalin

Luzi van Gisteren

Es war einer dieser bedrückenden Feiertage: Ein Weihnachtssonntag, viel zu warm, viel zu hell, viel zu grell. Irreal irgendwie. Und für eine illustre Gruppe wie die unsere viel zu schnell!

Mandy war nicht ausgeschlafen und nach meinem Dafürhalten schlampig geschminkt. »Carlo! Wenn ick jeahnt hätte, det der ›Bierstiefel‹ heute jeschlossen is, wär ick lieber im Bett jeblieben!« Sie stammte aus Berlin und lebte wie ich erst seit ein paar Jahren in Rosenheim.

»Hätte, hätte, Fahrradkette! Gemma halt glei zum Wirt!«, raunte Carlo und ignorierte, dass wir kaum sein Tempo halten konnten, weil wir laufend mit unseren hohen Absätzen im Kopfsteinpflaster des Max-Josef-Platz' hängen blieben. Tja, so war er, der Carlo! Angeblich wollte er uns ja alle drei groß rausbringen: die Mandy, die Vicky und mich. Carlo ist Fotograf. Als Fotograf, der Modelle fotografiert, braucht man schon ein »Portfolio«, pflegt der Carlo zu sagen. Ich finde, der Carlo braucht bloß mich, denn die Vicky und die Mandy haben meines Erachtens kein Format. Obwohl ich, wie der Carlo sagt, sein Liebling bin, hatte er mir zum Heiligabend am Vortag nicht einmal etwas geschenkt. Sogar seine Mutter hatte Mitleid mit mir gehabt.

»Ja, und die Leni?«, hatte sie nach dem Würstelessen gefragt und den opulenten Hut, den der Carlo ihr geschenkt hatte, wieder in den Karton zurückgepackt hatte. »Bekommt die Leni denn gar nichts?«

Den Carlo konnte wie immer nichts aus der Ruhe bringen: »Die Leni? Die hat doch alles!« Stellen Sie sich vor, das hatte er gesagt und dabei so lange durch seine Zahnlücke gelacht, bis er sich verschluckte. So konnte er sein, der Carlo: Majestätisch. Störrisch. Und unerbittlich.

»Carlooo, woll'n wir nach dem Essen eigentlich noch mal über meine Mappe schauen?«, fragte Vicky und zog das »O« seines Vornamens genauso in die Länge wie dieser Kerl meinen Prosecco-Durst.

Es war ungewöhnlich schwül und drückend für einen 25. Dezember. Eine Familie kam uns entgegen: Sie trugen ihre Jacken unter dem Arm und wechselten die Seite, als wir uns ihnen näherten.

»Schau'n mer mal. Jetzt gemma erst einmal schön zum Ess'n«, sprach unser Freund und strawanzte durch die Gassen der abgeräumten Christkindlmarkt-Buden.

Lebkuchen- und Glühweinduft waren verflogen, und statt der lustigen Märchenfiguren auf den Holzdächern gähnte uns gespenstische Leere an. Ich musste zwei Mal schlucken, als ich den Stand sah, wo der Carlo und ich vor nicht einmal zwei Wochen mit »Heißem Hugo« geschmust hatten. Ein Chor aus Italien hatte gesungen, als der Carlo mich mit was von einer Last-Minute-Silvester-Kreuzfahrt überraschte, die er angeblich schon so gut wie gebucht hatte: Buenos Aires mit der »Emerald Princess«. Ein Shooting am

Pooldeck, ein Spa unter dem Sternenhimmel und vierundzwanzig Stunden Sektlaune.

Aus dieser Kreuzfahrt ist leider nichts geworden, so wie aus so vielen Versprechungen, die der Carlo regelmäßig macht. Es sei kein Platz mehr frei gewesen, beichtete er mir in der Christmette, auf der seine Mama wie jedes Jahr bestanden hatte. Na dann »Frohe Weihnachten« und »Happy New Year«!

Der Eingang des Wirtshauses war stockdunkel. Wie konnte es in einem der besten Restaurants am Platz so dunkel sein, fand ich, und freute mich heimlich, als die Mandy vor mir eine Treppenstufe ausließ und fast zu Boden ging.

Carlo fing sie auf. »Obacht, Mandy-Mausi!« Victoria kicherte gekünstelt, sodass uns mindestens zwanzig Augenpaare anstarrten, als wir den gediegenen Speiseraum betraten.

Der gut aussehende Kellner zwinkerte mir zu, aber bei den föhnigen 24 Grad und dem penetranten Gänsebratengestank im Lokal stand mir nicht der Sinn nach Flirten. Für mich war Weihnachten jetzt schon gelaufen.

Ich steuerte den freien Tisch am Eingang an und wollte mich mit dem Rücken zu der großen bunten Weihnachtsgesellschaft setzen.

Der junge Kellner hinderte mich daran: »Oh, Verzeihung junge Dame, das ist nur unser Abstelltisch. Ich glaube, Ihr Tisch ist weiter hinten, kommen Sie mit, ich zeig's Ihnen.«

Er streifte mich geflissentlich am Arm, dann richtete er sein Wort an Carlo: »Sie sind doch Karl Weigel, oder nicht?«

Carlo musterte den Angestellten missbilligend. »Feigel! Nicht Weigel!«, zischte er wütend und setzte sich breitbeinig an den Vierertisch, den der Kellner uns zugewiesen hatte und der sich hinter dem ausladenden Christbaum befand. Dieser war festlich geschmückt und trennte uns von der mindestens zwanzigköpfigen Gesellschaft am Nebentisch ab.

»Is det schöööön hier!«, jauchzte Mandy. Mein Magen grummelte.

»Schön, wenn's dir gefällt, Spatzl«, sprach Carlo und tätschelte Mandys Oberschenkel. Ich warf den beiden einen giftigen Blick zu, aber sie bemerkten ihn nicht.

»Sucht euch nur was Schönes aus!«, säuselte unser Gönner, als der Kellner uns einen Aperitif und die Speisekarten reichte.

»Wenn Sie von der Weihnachtsgans möchten, sollten Sie sich beeilen, 's is nimmer viel da!«. Der junge Mann zwinkerte mir spitzbübisch zu.

Ich schenkte ihm ein Lächeln. Der Rosé prickelte auf meiner Zunge, und es schmeichelte mir, dass nicht nur der hübsche Kellner scheinbar einen Blick auf mich geworfen hatte, sondern auch der Mittfünfziger im azurblauen Anzug am Nachbartisch, den ich durch die Tannenzweige genau im Blickfeld hatte. Er kam mir irgendwie bekannt vor, so, als ob ich ihn schon mal im Kino oder im Fernsehen gesehen hätte.

»Also, Mädels, i geh' no moi gschwind oane raachn! Für mi b'stellts bittschön das Weihnachtsmenü eins. Aber bittschön ohne Blaukraut! Blaukraut schmeckt mir nämlich nur bei der Mama.«

Carlo zog sich seine Goldkette aus dem Hemdkragen und stand auf. Als er sich an der pompösen

Blautanne vorbeidrückte, rempelte er ein Hündchen an. Es bellte wie verrückt, richtig herzerweichend, und ward sogleich von einer älteren Dame auf den Schoß genommen. Den Carlo interessierte das nicht. Er mag keine Hunde.

Der Mann im Azzurro-Anzug sprang auf und herrschte den Carlo an: »Können Sie denn nicht aufpassen?«

Das hätte der Mann besser nicht gesagt, denn der Carlo mag es nämlich ganz und gar nicht, wenn man ihn rügt, und schon gar nicht, wenn man sich dabei noch im Ton vergreift.

»Was hast du gesagt?« Carlo trat jetzt so nahe vor den Mittfünfziger, dass sich ihre Nasenspitzen fast berührten.

Der Gast verzog das Gesicht. »Was erlauben Sie sich? Lassen Sie mich in Ruhe! Sie haben den Hund meiner Schwiegermutter angerempelt. Eine Entschuldigung wäre angebrachter, als sich hier so aufzuspielen!«

Ich beobachtete, wie Carlos Adamsapfel auf- und absprang.

Mandy ging zwischen die Männer: »Nu komm schon, Mausezwergchen. Reg' dich doch nicht auf, det is nich jut fürs Herz!« Ihr Bustier funkelte durch ihre transparente Bluse, als sie die Raufbolde wie Bizepsstangen im Fitnessstudio auseinanderdrückte.

»Is ja gut, is ja gut!«, rief der wütende Herr Carlo hinterher, als dieser, ohne ein weiteres Wort zu verlieren, im Stechmarsch das Restaurant verließ.

Und dann: War Carlo weg! Lange. Bis wir nahezu eine ganze Schampusflasche geleert hatten. Notgedrungen machte ich ein bisschen auf Konversation mit den

Schnepfen: Vicky erzählte uns, dass sie neben der Modellkarriere eine Laufbahn als Schauspielerin anstrebte und dass sie mit dem Carlo eine Extramappe anlegen würde.

»Was? Schauspielerin? Du?« Ich fiel aus allen Wolken! Wenn sich die Victoria vielleicht eines merken kann, dann ist es allenfalls eine Einkaufsliste mit einer Anzahl an Artikeln im einstelligen Bereich. Aber doch keine Drehbuchdialoge. Die doch nicht! Zur Schauspielerei genügt es meiner Meinung nach nicht, wenn man mit dem Po wackelt und sich ein bisschen die Augenbrauen zurechtzupft. Dazu braucht man Grips im Kopf! Hach, ich wäre auch gerne Schauspielerin! So richtig berühmt! Über einen roten Teppich schlendern (am besten ohne den Carlo) und die Nase ins Blitzlichtgewitter stecken, das würde mir gefallen.

Der Mann im azurblauen Feiertagsanzug grinste mich auffällig an. Ich tat zunächst so, als ob ich ihn gar nicht registrieren würde. Dann trank ich mein drittes Sektglas leer, und als er wieder zu mir herüberschaute, ging ich einfach zu ihm rüber und beugte mich tief zu ihm herunter. »Entschuldigen Sie, aber woher kenne ich Sie? Sie kommen mir unglaublich bekannt vor«, sagte ich und spürte, wie mir das Blut in den Kopf schoss.

Gefühlte zwanzig Augenpaare waren auf mich gerichtet.

»Mein Mann ist Filmmacher!«, sagte eine kühle Platinblonde neben ihm und verdrehte die Augen. »SIE kennen ihn ganz sicherlich NICHT!« Sie schob mich beiseite und stieß ihrem Mann mit dem Ellbogen in die Rippen.

Der Mittfünfziger schaute betreten auf den Tisch und legte die Serviette von der einen auf die andere Seite des leergeputzten Vorspeisentellers. Die junge Frau erhob sich und streckte mit gespreizten Fingern ihren Handrücken aus, als wollte sie ihrem Publikum zum Abschied winken.

»Habt ihr eigentlich schon gesehen, was mir das Christkind Schönes gebracht hat?« Sie lächelte, doch ihr freudestrahlendes Gesicht hatte etwas Unwirkliches, ihre Mimik schien eingefroren. An ihrem linken Ringfinger blitzte es gelbgolden, und ein blaugrüner Klunker, der mit Hunderten von Brillis umfasst war, stach mir ins Blickfeld. Das war ja ... der Paraiba-Turmalin! Ich fasste es nicht! Meine Gedanken fingen an, Kettenkarussell zu fahren, und mein Herz schlug mir bis zum Hals. Diesen Ring kannte ich sehr wohl: Ich hatte ihn vor knapp zwei Jahren in einem Pfandleihhaus in einer Nebenstraße am Bahnhof entdeckt, hinter dickem Panzerglas hatte er mich angelacht, und mir waren die Augen fast übergelaufen, als ich die Karatzahl neben der Aufschrift »Unikat« und den fünfstelligen Kaufpreis gelesen hatte.

»Wenn du meinen Vertrag unterzeichnest, bring ich dich ganz groß raus und dann kauf ich dir den Ring, Spatzl«, hatte der Carlo gesagt, als ich ihm den Ring gezeigt hatte, zu einem Zeitpunkt, wo er noch nicht einmal wusste, wie man Milutinovic, meinen Nachnamen, buchstabiert.

Ich konnte meinen Blick nicht von diesem Ring lassen, streckte schon die Hand danach aus, da kehrte Carlo vom Rauchen zurück.

»Na Mädels, habt's hoffentlich schon bestellt? Mir knurrt der Magen wie die Sau!« Er ließ sich breitbeinig auf seinen Sessel zurückfallen.

Ich schenkte Carlo keine Beachtung, ich fühlte mich wie in Watte gepackt. Ich starrte wie gebannt zur Frau am Nachbarstisch und auf das funkelnde Schmuckstück an ihrem knöchernen Ringfinger.

Die Dame mit dem Schoßhund stand auf und erhob ihr Glas: »Werner! Dieser Ring ist atemberaubend, ganz atemberaubend! Ich bin so unglaublich glücklich. Stoßt mit mir an: auf den besten Schwiegersohn der Welt!«

Die Mitglieder der feudalen Gesellschaft erhoben sich. »Auf den besten Schwiegersohn der Welt«, raunten sie. Mister Azzurro grinste und brüstete sich; er machte eine Geste der Verlegenheit, doch man konnte an seinen aufgeblähten Wangen ablesen, dass er sich wie ein Weihnachtsschnitzel freute. »Viktorianischer Stil mit Schnitt-Diamant-Trilogie«, grinste er und tätschelte die Hand seiner Schwiegermutter, so wie man es bei einem Kind tut, das gerade artig ein paar Stabreime vor Publikum vorgetragen hat.

»Viktorianischer Stil mit Schnitt-Diamant-Trilogie«, äffte Carlo den Mittfünfziger nach, obwohl der noch gar nicht kapiert hatte, um welchen Gegenstand es hier eigentlich ging. Nämlich um MEINEN Ring, den Carlo MIR versprochen hatte und den ihm angeblich ein anderer vor der Nase weggeschnappt hatte.

»Carlo!«, sagte ich. »Erinnerst du dich noch an den Ring, den du mir vor zwei Jahren hast schenken wollen?«

»Welchen Ring?«, fragte Carlo und griff zur Weinflasche. Energisch stellte er sie zurück, als er merkte, dass nur noch ein paar Tropfen herauskamen.

»Gibt's in diesem Saftladen eigentlich nichts mehr zu trinken?«, brüllte er.

Der Kellner eilte mit hochrotem Kopf heran. »Ich bitte Sie, seien Sie ein bisschen leise, es haben sich schon ein paar Gäste beschwert!« Peinlich berührt und mit gesenktem Kopf schenkte er uns nach.

»Na bitte, geht doch!«, lachte der Carlo und trank sein Glas in einem Zug leer. Er ließ es sich erneut nachfüllen, dann prostete er dem Nebentisch zu: »Na dann, sehr zum Wohl!«

Sein Gruß wurde nicht erwidert, stattdessen steckten die Gäste am Nebentisch ihre Köpfe zusammen und tuschelten.

Der Kellner brachte uns dampfende Suppenteller.

»Wer will die haben, bei der Hitze?«, fauchte der Carlo und verschränkte seine Arme über dem Tisch. »Das ist das Weihnachtsmenü. Sie haben das Weihnachtsmenü bestellt«, jammerte der Kellner.

»Dann bring uns besser gleich das Weihnachtsgansl!«, befahl Carlo und warf seine braune Lockenmähne nach hinten.

Der arme Kellner wich aus. »Gansl ist wie gesagt aus. Aber der Rehrücken kommt sofort!«

Der Carlo stand auf und packte den armen Angestellten an seiner weinroten Fliege. »Du bringst uns jetzt wie bestellt das Weihnachtsgansl. Hast du mich verstanden, oder muss ich es dir aufschreiben!«

»Ein sehr schöner Ring übrigens, den Sie Ihrer Frau da zu Weihnachten geschenkt haben«, versuchte ich ein Lächeln zum Nachbarstisch, da uns die Leute von gegenüber um den Weihnachtsbaum herum mit offenen Mündern anstarrten.

Mister Azzurro deutete unauffällig ein Lächeln an, was Victoria dummerweise mitbekam.

»Und Sie sind wirklich beim Film?«, mischte sie sich ein. »Wissen Sie, ich möchte Schauspielerin werden!«

»So?«, sagte der Herr und lächelte müde.

»Mein Mann besitzt eine kleine, aber sehr erfolgreiche Produktionsgesellschaft für Werbeformate im In- und Ausland!«, betonte die Dame und strich sich eine platinblonde Strähne hinters Ohr.

»Was du nicht sagst!«, sagte Carlo und stellte sich breitbeinig auf. »Und du bist sein Erotik-Star, oder was?«

Die Blonde rümpfte die Nase, und es war das erste Mal, dass um ihre maskenhaften Gesichtszüge ein Anflug von Lebendigkeit oszillierte. Sie musste sich ein Lachen verkneifen und drückte ein besorgniserregendes »Grumpfhsch« heraus, was sich so ganz und gar nicht ladylike anhörte. Die Gäste schauten verlegen in ihre Teller oder nippten lustlos an ihrem Getränk.

Eine mollige Frau im Dirndl und ihr ebenso fülliger Mann standen auf, sagten etwas von »Füße vertreten vor dem Hauptgang« und verließen den Festsaal. Zwei ältere Frauen folgten ihnen.

Carlo aber ließ sich nicht beirren; er war ganz und gar in seinem Element und pöbelte das Paar am Nachbartisch weiter an: »Und weil du in der Pralinenwerbung so zuckersüß rüberkommst, hat er dir etwa den Ring geschenkt? Soll ich dir was sagen? Der Ring gehört eigentlich ihr!« Er zeigte auf mich.

»Was erlauben Sie sich? Sind Sie noch ganz bei Trost!«, echauffierte sich der Filmemacher.

»Na, du sei stad!«, schrie der Carlo. »Sonst erzählen wir deiner Schwiegermutter mal von deinen amourösen Abenteuern im Herzchen-Club am Inn!«

Der Mittfünfziger wirkte auf einmal hektisch, er stieß sogar sein Rotweinglas um.

»Sag, dass das nicht wahr ist!«, rief seine Angetraute, ihr Blick hatte mit einem Mal etwas Seltsames, Entrücktes, und die Haut ihres Dekolletés schimmerte wie der Unterbauch eines Feuersalamanders.

»Ich glaube, es ist Zeit zu gehen!«, zischte sie und griff nach ihrer Handtasche.

»Nein! Keiner steht auf! Alle bleiben sitzen!«, befahl der Filmemacher und tupfte mit seiner Serviette hilflos auf der Tischdecke herum, obwohl das Leinen die rote Flüssigkeit bereits wie ein gefräßiges Monster aufgesogen hatte.

Der Kellner platzte mit dem dampfenden Hauptgang herein und unterbrach die angespannte Atmosphäre für einen Moment.

Mandy versuchte einen lockeren Spruch zur Aufheiterung. »Die Jans sieht ja jut aus!«

»Oh! Da ist es ja, das Weihnachtsgansl!« Carlo sprang auf und nahm dem Kellner die Teller ab, ehe dieser das Tablett am Nebentisch abstellen konnte.

»Entschuldigung, aber das ist nicht Ihre Gans, die gehört dem Nachbartisch, der zuerst hier war«, versuchte der Kellner den Carlo abzuwimmeln.

»Is scho guat, Spezi, gell?« Der Carlo klopfte dem Kellner freundschaftlich auf die Schulter und nahm ihm einfach das Tablett aus der Hand.

»Ich sagte doch, wenn Blaukraut, dann nur von der Mama!«, fluchte Carlo und knallte die Gänsebrüste vor uns auf den Tisch. Der Nebentisch beobachtete mit Argusaugen, wie der Carlo sein Blaukraut löffelweise auf unsere Teller verteilte.

Auf einmal stand der azurblaue Anzug vor uns und bäumte sich stattlicher auf als die Nordmann-Tanne im Festsaal:

»Entschuldigen Sie«, sagte er und griff nach Mandys Teller. »Meine Schwiegermutter freut sich seit Wochen auf die Weihnachtsgans. Also wenn Sie erlauben, hole ich mir nur das zurück, was mir gehört!«

Mandy versuchte, ihren Teller zu verteidigen. »So lassen Sie mir doch meinen Teller, juter Mann, Ihr Rehrücken ist doch bestimmt auch janz lecker.« Sie riss mit ihren Patschehänden ungeschickt am cremeweißen Rosenthal-Service, der Teller ging ein paar Mal hin und her, und dann schrie Mandy: »Mensch, noch mal«, so laut, dass der Filmmacher von ihr ließ und sich zu seiner traurigen Festgesellschaft zurücksetzte, wo er wie ein kleiner Junge, der beim Klauen erwischt worden war, die Nasenspitze in die mehlgeschwitzte Bratensoße senkte.

Als ich später noch einmal verstohlen zu ihm rübersah, saß er ganz alleine am Tisch. Nur eine Whiskeyflasche stand vor ihm. Viel war nicht mehr drin. Er schien nicht nur großen Hunger, sondern auch großen Durst gehabt zu haben. Sein Lächeln hatte etwas Treudoofes, schnell schaute ich weg. Ich muss zugeben, dass mir die Weihnachtsgans besser schmeckte als gedacht. Auch das Blaukraut war gut. So lecker wie hier am Max-Josef-Platz bereitete es die Mama vom Carlo ganz sicher nicht zu, dachte ich. Ich genoss den Nelkengeschmack auf meiner Zunge und sah amüsiert zu, wie der Carlo mir gegenüber sein Messer wie ein Skalpell über den zarten Gänsebraten gleiten ließ.

Als der Kellner zum Nachschenken nahte, lächelte ich ihn freundlich an, doch er beachtete mich mit keiner Miene. Fast kam es mir vor, als würde er jetzt noch mehr Abstand halten.

»Da haben Sie aber Glück gehabt, dass die Herrschaften Ihnen ihre Weihnachtsgans überlassen haben«, sagte er emotionslos.

»Tja!«, lachte der Carlo und trank sein Glas erneut in einem Zug aus. »Rache ist süß! Die haben ja schließlich auch etwas, was eigentlich uns gehört. Stimmt's, Leni-Mausi!«

Er tätschelt meinen Oberschenkel, ich rutschte aber ein Stück von ihm weg. Seine Hand auf meinem Oberschenkel war mir mehr als unangenehm.

Schweigend kauten wir vor uns hin. Ich fühlte mich plötzlich einsam und leer. Ich schob den Teller von mir weg, blickte stumm über den Tisch, doch keiner schenkte mir Beachtung. Und keiner hinderte mich daran, zu gehen.

Was unternimmt man schon als Frau am ersten Weihnachtsfeiertag alleine in Rosenheim? An einem Tag, so unnatürlich hell und grell. So irreal. Wie in Trance schwebte ich durch die Fußgängerzone, ignorierte die festlich dekorierten Schaufenster der Schmuckgeschäfte, der Parfümerien, der Modeketten. »Wir wünschen unseren Kunden frohe Feiertage und einen guten Rutsch ins Jahr 2019!« – Ich spürte, wie die Worte des Werbebanners die betäubten Synapsen in meinem Gehirn zu stimulieren versuchten, doch sie scheiterten kläglich.

Ich wollte weg, weg von hier. Mit Carlo und mit Rosenheim würde es kein gutes Ende nehmen, das sagte mir meine innere Stimme. Doch wohin sollte ich gehen, um meine Seelenscherben zusammenzukehren? *Zum Bahnhof!*, schoss es mir durch den Kopf.

Auf meinem Weg durch den Salingarten entdeckte ich sie: eine kümmerliche Gestalt, die sich mit angewinkelten Beinen auf einer Parkbank eingerollt hatte. Wie versteinert saß sie da und hatte ihr platinblondes Haupt zwischen die Knie geklemmt. Es funkelte blaugrün an ihrer Hand! Was für ein schöner Ring! Doch seine Besitzerin freute sich nicht daran, sondern schluchzte und heulte vor sich hin und sah mit ihrem grauen Blick nur durch mich hindurch, als ich mich zu ihr setzte.

Armes, reiches Mädchen! Es war die Frau des Filmemachers, die ich hier am späten ersten Weihnachtstag auf der Parkbank im Salingarten aufgegabelt hatte. Kristin war ihr Name, und sie hatte wirklich viel zu erzählen. Was ich richtig gut kann, ist zuhören. Kristin lamentierte über die permanenten Eskapaden ihres Mannes, von seiner notorischen Nachlässigkeit im Haushalt und von seinen Frauengeschichten. Ihr Gewäsch ging mir zunächst auf die Nerven, da ich fand, dass die Problemchen der Platinblonden nichtig waren im Vergleich zum Schotterhaufen meines bisherigen Lebens. Mit der Zeit aber stellte ich fest, dass das Leid der anderen vom eigenen ablenkt, und es ging mir von Minute zu Minute besser.

Als es begann, dunkel zu werden, unternahmen wir einen kleinen Spaziergang durch die Innenstadt. Kristin hakte sich bei mir unter, und für Außenstehende wirkten wir vertraut wie beste Freundinnen. In Wirklichkeit konnte ich aber nicht meinen Blick von dem goldenen Schmuckstück an ihrer Hand lassen.

Als wir an meiner Lieblingskneipe vorbeikamen, machte mein Herz einen Satz, denn die Leuchtreklame am »Bierstiefel« war endlich wieder eingeschaltet: Die Leuchtdioden des Schaufenster-Bierkrugs füllten im Sekundentakt Bier ein, was bedeutete, dass die Kneipe wie ich mit den Feiertagen abgeschlossen hatte und zum Regelbetrieb zurückgekehrt war.

Es ist kaum zu glauben, wie viele Helle eine unbefleckte Filmemacher-Ehefrau vor dem Hintergrund eines verhagelten Familiennachmittags über den Durst trinken kann. Oft ist die Verwandlung von Menschen, wenn ihr Körper auf einen unerwarteten Promillesegen trifft, keine gute. Auch Kristin fing an, zu lullen und zu lallen, bald lag sie mir hilflos in den Händen.

Ich fragte mich, ob Mister Azzurro sie schon jemals in diesem Zustand gesehen hatte und ob ihre treusorgende Mutter samt Schoßhund bereits eine Vermisstenmeldung aufgeben hatte.

Kristin aber zückte ihr kalbsledernes Designer-Portemonnaie und fischte einen Hundert-Euro-Schein heraus. »Eine Runde für alle auf mich!«, rief sie und fuchtelte mit dem Geldschein in der Luft herum.

Die Männer freuten sich über die aufgedrehte Unbekannte, so auch der Barkeeper, der den Schein mit unterdrücktem Grinsen einsteckte und die Gläser bereitstellte. Ich konnte beobachten, wie er Kristins Bierglas bis über den Rand hinweg mit Schnaps auffüllte. Vor meinem inneren Auge sah ich bereits den Sanka mit Blaulicht vorfahren, doch Kristin lief zu neuer Höchstform auf. Sie trank ihr Glas auf ex und gab dem Barkeeper ein Zeichen, nachzuschenken.

Jemand hatte Musik angemacht und der Song *I Was Made For Loving You* dröhnte aus dem scheppernden Lautsprecher.

Ich hielt mir die Ohren zu, eine Migräneattacke kündigte sich an. Kristin entledigte sich ihrer Stöckelschuhe, kletterte auf den Tresen und begann zu tanzen.

Es dauerte nicht lang, da scharte sich eine Horde Männer um sie und himmelte sie an. Wenigstens würde sie in starke Männerarme fallen, wenn sie das Gleichgewicht verlor, dachte ich.

Als das Lied aus war, schrie jemand: »Und jetzt Roxette!«, was eine hitzige Diskussion über den nächsten Titel entfachte, doch der Barkeeper entschied, dass jetzt die »feine Lady« entscheiden sollte.

Kristin torkelte wie ein unausgeschlafenes Germany's-Next-Topmodel-Girl zum selbst ernannten DJ hinter den Tresen. Sie flüsterte ihm etwas ins Ohr, was ihn zu einem Kopfnicken veranlasste. Es folgte ein langsames, wunderschönes Lied, dessen Titel ich leider vergessen habe. Ich weiß nur noch, es war traurig. So traurig wie Kristin, so traurig wie ich. Ich glaube, dass wir gemeinsam ein bisschen geweint haben. Als das Lied endete, stand die Welt für einen Moment still. Es kam mir vor, als wären wir zusammengewachsen, als wären wir eins. Ich schloss die Augen, und als ich sie wieder öffnete, funkelte es sehr geheimnisvoll vor meiner Nase.

»Das ist das coolste Weihnachtsfest meines Lebens, Leni!« Die Filmemacher-Frau hielt mir den blaugrünen Paraiba-Turmalin direkt vors Gesicht. »Zum Dank möchte ich dir meinen Ring schenken! Du musst mir aber versprechen, dass du keinem was von den amourösen Abenteuern meines Mannes erzählst!«

Sechs Tage später. Ich bin wirklich froh, dass Weihnachten vorbei ist. Der Carlo hat nach viel Zureden unseren Tannenbaum zum Wertstoffhof gebracht, das war auch allerhöchste Zeit, weil er ja schon lange vor Heiligabend zu nadeln angefangen hatte.

Die Silvester-Kreuzfahrt haben wir uns fürs nächste Jahr vorgenommen. Dann will der Carlo früher dran sein mit dem Buchen, hat er mir versprochen, und dann vielleicht auch nicht Chile und Argentinien, hat er gesagt, sondern eher Karibik und Hawaii. Er sagt, dass er uns Schönheiten jetzt bald gaaaanz groß rausbringen wird, aber wissen Sie – was der Carlo sagt, geht mir inzwischen links rein und rechts raus. Oder umgekehrt. Ist ja auch egal!

Der Ring sieht übrigens sehr schön an meinem Finger aus. Sagt übrigens auch Kristin. Sie hält übrigens gerade nach einer Single-Kreuzfahrt Ausschau und hat mich gefragt, ob ich mitkommen möchte. Ich glaube, ich sage zu. Sicher ist sicher!

Wenn ich den blaugrünen Paraiba-Turmalin gegen das Licht halte, entstehen tausend Farben und Formen wie bei einem Kaleidoskop. Dann sehe ich auf einmal nicht mehr den Turm der Heiliggeistkirche vor mir, die nun kurz vor dem Jahreswechsel doch noch von dicken Schneeflocken umhüllt wird. Nein, dann habe ich plötzlich die Freiheitsstatue vor meinem inneren Auge, ich sehe den Eiffelturm, und in mir läuft ein Film ab mit roten Teppichen, mit großen Boulevards und schillernden Spielcasinos.

Wie viel mir das Pfandleihhaus am Rosenheimer Bahnhof nach Neujahr wohl für den Ring geben wird? Für ein paar Monatsmieten sollte es wohl reichen! Und wenn nicht, so besitze ich ja immer noch die Intim-Fotos von Vicky und Mandy auf meinem USB-Stick. Auf Carlos Rechner habe ich diese übrigens gelöscht. Denn jetzt bin ich, bin endlich mal ich dran!

Stadtaffe

Anna-Lena Fogl

Er fuhr zielstrebig mit seinem schwarzen Sportwagen über die Landstraße. Leider konnte er nicht so schnell fahren, wie er es gerne getan hätte, doch aufgrund des anhaltenden Schneefalls war es zu riskant. Nicht, dass er ein sonderlich vorsichtiger Fahrer wäre, doch lebensmüde war er nun auch wieder nicht.

Ein Schneepflug nach dem anderen fuhr mit viel Getöse und orange blinkenden Lichtern auf seinem Weg an ihm vorbei. Auch wenn das Wetter nicht wirklich viel Geschwindigkeit zuließ, so vergingen keine drei Minuten, in denen er sich nicht über andere Straßenteilnehmer aufregen musste. Hauptsächlich, weil sie zu langsam waren oder ewig blinkten, ehe sie endlich abbogen. Immer wieder fuhr er trotz der Rutschgefahr dicht auf und betätigte die Lichthupe, wenn der Fahrer vor ihm nicht sofort wich und ihm Platz machte. Wenn sie alle ihre Zeit mit Trödeln vergeuden wollten, dann sollten sie das tun, aber bitte nicht, indem sie ihn behinderten und ihm seine wertvolle Zeit stahlen. Schließlich hatte er es ja eilig! Er wollte schnell in sein Wochenenddomizil am Rand von Rosenheim, damit er sich vom Arbeitsstress erholen konnte. Und jede Sekunde, die er auf dieser Straße verbrachte, ging ihm von seiner Entspannung ab!

Michaels Puls war noch immer von der Autofahrt erhöht, als er endlich in seine Auffahrt einbog. Er hatte sein schickes Apartment in München hinter sich gelassen und atmete tief ein, als er den ersten seiner schwarzen Lackschuhe auf das Pflaster seines Rosenheimer Grundstücks setzte. Die Wohnung in München gehörte ihm, ebenso wie noch einige andere Immobilien. Doch hier, in diesem hochmodernen Haus, plante er, sich einmal zur Ruhe zu setzen, wenn es so weit war. Ob dieser Plan je aufging, war fraglich, denn Michael schien nicht der Typ Mann zu sein, der je aufhören konnte, zu arbeiten.

Zufrieden, endlich am Ziel zu sein, stieg er endgültig aus seinem Auto, stützte die Hände in die Seiten und genoss kurz die Ruhe und Besinnlichkeit, die der Ort auf ihn ausübte.

Anschließend machte er sich daran, seine Taschen aus dem viel zu kleinen Kofferraum zu holen und dem Schneefall zu entgehen. Mit einem Seufzen trat er durch die Haustür und sah sich um. Dank seiner tüchtigen Haushaltshilfe war es bei seiner Ankunft stets blitzeblank und heimelig eingerichtet. Beinahe jedes Mal wartete ein kleiner Willkommensgruß für ihn auf der Küheninsel – so auch heute. Das ließ ihn vermuten, dass er ihr wohl zu viel bezahlte, denn weshalb sollte sie sonst zu solchen Sentimentalitäten neigen.

Er ignorierte die Pralinen, die für ihn dorthin gestellt worden waren, zog seine Schuhe und sein Jackett aus und sah aus dem Fenster. Nur an sehr wenigen Stellen war seine Aussicht auf die Natur von anderen kleineren und größeren Villen beschränkt – er hatte ja schließlich genug bezahlt für diesen sogenannten »unverbaubaren Blick«. Draußen war es zwar grau, doch er beschloss trotzdem eine erste Runde laufen zu gehen. Er würde nur bis Sonntag hier sein, also musste er die Zeit, so gut er konnte, ausnutzen.

Kurzerhand schlüpfte er in seine Laufschuhe und in sein Laufdress, zog eine atmungsaktive Jacke über und fand sich schon bald zwischen den herabfallenden Schneeflocken wieder. Er musste nicht weit laufen, um sich mitten in der grünen – beziehungsweise weißen – Natur zu befinden und das letzte Haus Rosenheims hinter sich zu lassen. Während des Joggens packte ihn der Ehrgeiz, und übermütig beschloss er, heute so viel wie möglich aus sich herauszuholen. Also lief er schneller und weiter, als er es vorgehabt hatte, und strengte sich an. Immer schneller sog er die kalte Luft in seine Lungen und spürte deutlich seinen pulsierenden Herzschlag.

Gerade bog er um eine Kurve, als etwas Riesiges an ihm vorbeirauschte. Er schaffte es gerade noch, sich zur Seite zu werfen. Ein heftiger Schmerz durchzuckte ihn plötzlich. Im Schnee liegend griff er nach seinem Fußgelenk und stöhnte lautstark. Gottverdammt!

Seine Sicht war durch den Schmerz und die Schneeflocken, die ihm ins Gesicht fielen, getrübt. So dauerte es ein wenig, bis er die Person, die erschrocken auf ihn zueilte, klar sehen konnte.

»Um Himmels willen! Was machen Sie denn! Haben Sie sich verletzt?«

Vor ihm tauchte eine junge Frau auf. Ihr Gesicht war hübsch, obwohl sonst nicht viel zu erkennen war.

Ihre vielen Kleiderschichten machten einem Eskimo alle Ehre! Sie streckte ihre Hand nach ihm aus, vermutlich, um ihm aufzuhelfen, aber er schlug sie unwirsch zur Seite.

»Lassen Sie sich doch helfen!«, protestierte sie, doch er kämpfte sich alleine zurück auf seine Füße – also den einen, der ihm nicht wehtat.

»Was fällt Ihnen denn ein, hier so um die Kurve zu rasen!«, bellte er ihr entgegen.

Hinter der Frau stand ein Pferd, das sie hastig an einem Baum angebunden hatte, ehe sie zu ihm geeilt war. Das war also das Mistvieh, mit dem sie ihn umgerannt hatte!

»Rasen?«, fragte sie ungläubig und zog die Augenbrauen hoch, »wir sind lediglich getrabt – und ich bin mir sicher, langsamer als Sie! Und wir waren auf der richtigen Seite, es war also genug Platz für uns beide. Ich frage mich wirklich, warum Sie so erschrocken sind?«

Etwas in ihm sagte ihm, dass sie recht hatte. Diese Erkenntnis ließ seine Wut jedoch noch mehr hochkochen, er war ja hier schließlich derjenige mit den Schmerzen!

»Wollen Sie jetzt etwa behaupten, ich wäre in Ihr ... Ihr ... *Gefährt* da gerannt, und nicht Sie in mich?«

Sie schien ihre Augenbrauen noch ein Stück höher zu ziehen. »Ich denke zumindest, Sie waren so schnell dran, dass Sie in dieser Kurve die Tendenz hatten, auf meine Wegseite zu fallen, und genau in diesem Augenblick sind wir aufgetaucht. Und dann haben Sie einen filmreifen Sprung hingelegt!« Grübchen bildeten sich in ihren Wangen.

»Machen Sie sich etwa lustig über mich?«

Sie verzog die Lippen, sicherlich, um ein Lachen zu unterdrücken. »Nein, natürlich nicht.«

»Was machen Sie überhaupt hier draußen?«

»Reiten!«

»Soso. Einfach so. Hier auf diesem Weg. Dürfen Sie das überhaupt?«

Ihre Miene verfinsterte sich, als sie sagte: »Dürfen Sie denn hier joggen?«

»Ja, dieser Weg ist schließlich für alle da.«

»Aha. Aber nicht für Reiter.«

»Nein«, stimmte er ihr zu, »Pferde sind zu groß für diesen Weg. Das ist zu gefährlich.«

Zum mindestens dritten Mal zog sie ihre Augenbrauen nach oben, und er stellte fest, dass diese Geste sein inneres Brodeln in der Tat anheizte.

Die junge Frau schüttelte den Kopf. »Lassen wir den Unsinn. Können Sie laufen?«

»Das ist kein Unsinn, Sie haben hier nichts verloren. Und ...« Er wollte auf sie zugehen und ihr zeigen, dass er *natürlich* laufen konnte, strauchelte jedoch bereits beim ersten Schritt, als ihn ein heftiger Schmerz durchzuckte. Wenn sein Fußgelenk gebrochen war, dann würde er diese freche ...

»Sieht so aus, als müssten Sie auf das *Gefährt* aufsteigen«, unterbrach sie seine Gedanken.

Michael lachte. »Zuvor erfriere ich lieber hier draußen, als mich auf dieses Ding zu setzen!«

»Gut«, meinte sie schulterzuckend – was unter ihren geschätzten sieben Jacken kaum zu erkennen war – und wandte sich ab. Ohne ein weiteres Wort band sie ihr Pferd los und stapfte mit baumelnden

Zügeln den Weg entlang. Er sah ihr hinterher. Ungläubig. Das durfte doch nicht ihr Ernst sein!

»Wollen Sie mich einfach so hier stehen lassen?«

»Sie können doch laufen«, rief sie, ohne sich umzudrehen oder anzuhalten.

Er knurrte und versuchte abermals, einen Schritt zu tun. Unmöglich. Er würde am liebsten aufschreien, sobald sein rechter Schuh den Boden berührte!

»Falls nicht«, rief sie aus einiger Entfernung, »rufen Sie sich einfach einen Krankenwagen. Oder jemanden, der Sie abholt.«

Natürlich! Wieso war er nicht selbst daraufgekommen! Er griff in seine Jackentasche und – stutzte. Er griff in die andere Tasche, und als er auch diese leer vorfand, durchwühlte er hektisch alle Verstecke, die seine Kleidung aufwies, blieb jedoch erfolglos. Wahrscheinlich hatte er das vermaledeite Handy neben die vermaledeiten Pralinen gelegt! Gottverdammt, er könnte in die Luft gehen!

»Schreien hilft manchmal, um den Frust loszuwerden.« Die Frau war stehen geblieben und sah ihn an. Sie hatte seine Misere wahrscheinlich gesehen.

»Sie haben jetzt zwei Möglichkeiten«, sagte sie, »entweder Sie steigen auf dieses Pferd oder Sie erfrieren hier. Um ehrlich zu sein – wahrscheinlich ist mir Zweiteres lieber, das erspart mir weiteres Gezeter Ihrerseits. Aber mein gutes Herz sagt mir, dass ich diese Bürde wohl auf mich nehmen und Sie mitnehmen sollte.«

Diese Frau trieb ihn noch zur Weißglut!

»Na gut«, sagte er unwirsch, »tun Sie das Ding her!«

»Lilly«, betonte sie.

»Was?«, bellte er.

»Das Ding heißt Lilly.«

»Dann tun Sie Lilly her!«, schnauzte er mit verschränkten Armen.

Es war eine Farce. Er hatte sich noch nie so ... erniedrigt gefühlt. Er war auf dem Rücken des Pferdes in den Sattel gekrabbelt wie ein Volltrottel. Und die vermutlich zierliche, junge Frau hatte ihn mit all ihrer Kraft nach oben geschoben. Sie hatte ihm sogar an den Po gefasst, um ihn vorm Abstürzen zu bewahren! Zum Teufel, wieso mussten diese blöden Viecher auch so groß sein?

Oben angekommen rückte er seine sportliche Mütze wieder zurecht. Noch ehe er sich gesammelt hatte, hielt die Frau ihm eine ihrer Jacken entgegen.

»Brauch ich nicht«, murrte er.

»Anziehen!«, befahl sie resolut und ließ keinen Zweifel daran, dass sie sich nicht vom Fleck bewegen würde, wenn er nicht tat, was sie sagte.

Widerwillig schlüpfte er hinein und rümpfte beim Geruch die Nase. Nicht nur das Pferd roch nach Pferd – auch die Jacke. Er würde eine Riesenportion Duschgel brauchen, um den Geruch wieder loszuwerden!

»Greifen Sie ans Sattelhorn. Und Füße in die Steigbügel.« Mit diesen Worten setzte sich das wackelige Ding unter ihm in Bewegung. Um Himmels willen, wie konnte man sich darauf nur gerade halten? Alles schaukelte und bewegte sich, als säße er an Deck eines Schiffes. Er hatte Mühe, dass ihm nicht übel wurde.

Bereits nach einer Weile wurde ihm kalt. Seinem erschöpften Körper fehlte es an Energie, und irgendwann kuschelte er sich tatsächlich noch mehr in die stinkende Jacke.

»Wenn mein Fuß gebrochen ist ...«, fing er an.

Doch sie unterbrach ihn: »Dann sind Sie selber schuld.«

»Ich sage es Ihnen noch mal, dieser Weg ...«

Sie hielt das Pferd so abrupt an, dass er fast vornüber kippte. Wütend funkelte sie ihn an. »Was haben Sie Stadtaffe eigentlich in der Natur verloren, hm? Ihr habt doch überhaupt keine Ahnung, was Natur bedeutet! Denn soll ich Ihnen mal was verraten? Es wird Sie sehr überraschen, aber in der Tat – es kommen Tiere darin vor! Und soll ich Ihnen noch was verraten? Jedes Pelztier ist mir lieber als Sie Lackaffe!«

Ihm stand der Mund offen. »Äh«, stotterte er, mehr brachte er nicht heraus. Er hatte auch gar nicht mehr die Chance, nachzudenken, denn sie setzte sich bereits wieder in Bewegung und das Pferd mit ihr, weshalb er zur Genüge mit seinem Gleichgewicht zu kämpfen hatte.

Sobald er sich wieder gesammelt hatte, meinte er: »Ich ähm ... So habe ich das noch nie gesehen.«

»Was Sie nicht sagen.«

Eine Weile trotteten sie durch das leichte Schneegestöber, und langsam gewann er mehr Sicherheit im Sattel. Frierend ließ er seinen Blick umherstreifen und trotz seiner Schmerzen und seines Ärgers war er berührt von der Schönheit, die ihn umgab. Das strahlende Weiß des Schnees bedeckte jeden Zentimeter, jeden Ast, jedes Stück Wiese, und es schien, als verbinde er alles zu einer Einheit. Es war völlig still – außer den gleichmäßigen Schritten des Pferdes und der Frau durchbrach nichts die Ruhe. Tief atmete er ein, und obwohl ihm kalt war, fühlte er eine innere Ruhe. Vielleicht zum ersten Mal blickte er auf das Pferd nieder. Es ging treu neben seiner Besitzerin dahin. Seine mächtigen Schultern waren zum Teil vom Schnee bedeckt. Plötzlich rührte ihn die gutmütige Beständigkeit, mit der es ihn trug. Ihn, einen Wildfremden, trug es einfach so auf seinem Rücken.

»Am Sonntag ist Weihnachten«, stellte er fest.

»Ja«, sagte sie und schien sein Angebot, auf unverfänglichere Themen auszuweichen, anzunehmen, »feiern Sie mit der Familie?«

Wieder streifte sein Blick über die Landschaft, ehe er den Kopf schüttelte: »Nein, ... nein, ich werde vermutlich alleine feiern.«

»Oh, das tut mir leid«, sagte sie, und er hörte ehrliches Mitgefühl in ihrer Stimme.

»Ach, das muss es nicht. Ich geb' nicht viel darauf.«

»Ich habe Weihnachten schon immer mit meiner Familie gefeiert, aber ich stelle es mir sehr einsam vor, wenn all die anderen Menschen beisammensitzen und feiern und man selbst alleine vor dem Kamin ein Glas Wein trinkt.«

»Woher wissen Sie, dass ich Wein trinke?«

»Lackaffe«, erklärte sie und auch wenn sie ihn nicht ansah, wusste er, dass sie grinste.

Die Begegnung mit der jungen Frau ließ ihm keine Ruhe. Sie beschäftigte ihn sogar so sehr, dass er keine Zeit darauf verschwendete, sich über seinen verstauchten Fuß und sein somit völlig ruiniertes Wochenende zu ärgern. Nein, es beschäftigte ihn sogar *so* sehr, dass ihm nicht einmal auffiel, dass er sich nicht ärgerte!

Ihr Pferd – Lilly – hatte ihn getreu bis zu ihrem Reitstall getragen, von wo aus sie ihn schließlich mit dem Auto ins Rosenheimer Krankenhaus gefahren hatte. Irgendwo im Schneegestöber auf dem Rücken dieses Pferdes musste sein Ärger verflogen sein, denn er hatte sogar gelacht mit ihr. Dieser Frau – Nadine war ihr Name.

Und heute – heute war Weihnachten. Und er saß hier – mit einem Glas Wein, schließlich war er ja ein typischer Lackaffe – und fühlte sich tatsächlich zum ersten Mal an diesem besonderen Tag einsam. Ohne Zweifel, daran war *sie* schuld.

Irgendwann, während er in die Flammen sah und der Inhalt seines Glases sich einfach nicht leeren wollte, beschloss er, etwas zu tun, das völlig untypisch für ihn war. Der Arzt hatte gesagt, er dürfe nicht Auto fahren, trotzdem stieg er in seinen Sportwagen. Der Motor heulte auf, und das lackschwarze Ungetüm bahnte sich seinen Weg aus der Auffahrt und – zugegeben, es tat ihm ein wenig im Herzen weh – kämpfte sich schließlich über die Feldstraße außerhalb der Stadt. Der Weg zum Reitstall hatte sich in sein Gedächtnis eingeprägt. Vermutlich war sie gar nicht dort. Und vermutlich feierte sie mit ihrer Familie – er dagegen hasste Familienfeiern. Und auf fremden Familienfeiern war er noch weniger gern als auf seinen eigenen. Und trotzdem fuhr er immer weiter mit schlingerndem Wagen und schmerzendem Fußgelenk.

Am Stall angekommen, stieg er aus dem Wagen und sah sofort, dass in einem der Gebäude Lichter brannten.

Er hielt inne. Er machte sich in den nächsten Sekunden vermutlich völlig zum Affen! *Zum Stadtaffen*, dachte er schmunzelnd und humpelte auf das Gebäude zu.

Selbst als er klopfte, wusste er noch nicht, was in ihn gefahren war, doch es schien, als folgte er einem inneren Ruf. Jemand öffnete ihm die Tür: eine kleine, etwas rundlichere Frau.

»Hallo, ähm ... ist Nadine da?«

Die Frau zog, wie Nadine noch zwei Tage zuvor, die Augenbrauen hoch, nachdem sie ihn von oben bis unten gemustert hatte. Ja, zugegeben, er passte hier wahrscheinlich nicht ins Bild.

Nachdem die Frau wieder nach drinnen gegangen war, tauchte Nadine an der Tür auf.

»Huch«, staunte sie, »was machen Sie denn hier?«

»Michael«, stellte er sich vor.

Sie runzelte die Stirn. Er konnte ein Grinsen nicht unterdrücken, woraufhin auch sie lächelte.

»Nadine«, meinte sie schließlich und streckte ihm die Hand entgegen.

»Freut mich, Ihre Bekanntschaft zu machen.«

»Und?«, fragte sie herausfordernd, »was machst *Du* hier draußen?«

»Nun ja, heute ist Weihnachten, und ich ... habe alleine Wein getrunken«, abermals grinste er, und sie lächelte belustigt zurück. Er sah ihr tief in die Augen und plötzlich wusste er, weshalb er hierhergefahren war. »Ich hätte den Abend gerne mit dir verbracht.«

Sie schürzte die Lippen. »Mit der stinkenden Pferdefrau?«

»Ich bin ja auch nur ein Stadtaffe«, sagte er schulterzuckend, »da können wir wohl beide nichts dafür.«

»Komm rein«, sagte sie lachend und hielt ihm die Tür auf, damit er nach drinnen humpeln konnte.

»Nein, nein, nein, so geht das nicht!«, rief ihnen eine unverkennbar bereits leicht angeheiterte, blonde Frau zu, »Mistelzweig! Ihr standet darunter nun sicherlich fünf Minuten, das heißt, da ist ein extralanger Kuss fällig!«

Er sah Nadine an und traf ihren Blick. Sie lächelte schüchtern. »Hör nicht auf sie, sie ist betrunken.«

»Das macht nichts!« Er zog sie in seine Arme und drückte ihr einen Kuss auf die Lippen.

Schicksalhafter Christkindlmarkt

Katie S. Farrell

Die Dämmerung zog herauf, und der eiskalte Wind fegte durch die Gassen des mittelalterlichen Wasserburg am Inn.

Mir war trotzdem mehr als warm. Die Zeit drängte, denn der Glühwein und der Kinderpunsch an meinem Stand in der engen Rathausgasse hatten noch nicht genug Hitze für die inzwischen hereintröpfelnden Besucher. Die grauen Steine der Mauern des historischen Rathauses und der Frauenkirche ragten vor und hinter den kleinen, liebevoll dekorierten Ständen des Christkindlmarktes empor.

Meine Haare machten sich bei dem Wind selbstständig, sodass sie mir immer wieder in die Augen fielen. Energisch stopfte ich sie unter die bunte Strickmütze und begann, Lebkuchen und Plätzchen auf meiner Verkaufstheke ansprechend zu platzieren.

Mir lief das Wasser im Mund zusammen, als ich die Vanillekipferl meiner Mutter erblickte und den Zucker beinahe auf der Zunge spürte. Die letzte rasche Mahlzeit hatte ich im Kindergarten während der Mittagsbetreuung eingenommen. Satt war ich davon nicht geworden, denn ich war mehr mit Füttern, Mund abwischen und Umziehen nach einem Trinkfiasko beschäftigt gewesen, als mit Essen.

Ich ließ den Blick in Richtung Rathausplatz schweifen, wo er an der berühmten »Bosna«-Bude hängen blieb. Vielleicht, wenn nichts dazwischenkam, konnte ich vor dem Beginn des hektischen Wochenendjobs noch eine Semmel mit Wurst ergattern.

Ein einzelner Mann betrat die Gasse und kam auf mich zu. Ein dunkelblauer Anorak wärmte breite Schultern, eine grüne Strickmütze saß über einem Gesicht mit Dreitagebart, der dennoch markante Züge erkennen ließ. Den Mann kannte ich. Aber woher? War er einer der Stammkunden aus dem letzten Jahr? Nein, der wäre mir im Gedächtnis geblieben, dachte ich, als ich in braune Augen blickte. Trotz der schönen Augen hätte ich den Mann am liebsten weitergeschickt, denn jede Minute, die mir für den Aufbau fehlte, ließ den Verzehr eines schnellen Snacks unwahrscheinlicher werden. Doch einen Kunden vergrault man nicht in einer Stadt, die zu klein ist, um mit schlechter Publicity leben zu können.

»Grüß dich, Antonia«, kam es mit einer warmen Stimme von dem Neuankömmling. Ich sah ihn ratlos an, und er lachte.

»Kennst mich nimmer? Ist auch schon ein bisserl her.«

Ich schüttelte lächelnd den Kopf. Wie peinlich, er kannte sogar meinen Namen.

»Na, tut mir echt leid.«

»Da Weber-Basti. Mir waren zusammen im Gymnasium.«

Das Schlucken fiel mir schwer, und ich spürte, dass ich die Augen erstaunt aufriss. Der Basti. Kann man sich so verändern? Damals ein schlampig wirkender, langer Lulatsch, der mich dauernd angebaggert hatte – trotz eindeutig entmutigender Aussagen meinerseits. Und heute ein attraktiver Typ, männlich gepflegt, mit hoher Wahrscheinlichkeit einem ansprechenden Body und – ja – sympathisch.

»In welcher Typberatung haben's dich denn in der Mangel gehabt? Du siehst völlig verändert aus«, sagte ich mit der offenen Direktheit, für die ich im Freundeskreis berühmt-berüchtigt bin. Er grinste, was seltsamerweise mein Herz höher hüpfen ließ.

»Ich geh mal davon aus, dass das ein Kompliment ist. Schließlich hast du früher mit deiner abfälligen Meinung ned hinterm Berg gehalten. Oder hat sich das geändert?«

Ich lachte ein wenig verlegen. »Leider ned, ich bin immer noch unhöflich genug. Und ja, das war ein Kompliment.«

»Die Typberatung kommt von einem Jahr in Kenia – Arbeit im Waisenhaus, danach vom Studium Soziale Arbeit.«

»Wow, das hört sich nimmer nach dem Basti an, der sich nur für Computerspiele und Rumhängen interessiert hat.«

»Dich hast du vergessen, Toni. Für dich habe ich mich noch mehr interessiert. Du bist auch im sozialen Bereich tätig, hab ich gehört.«

Ich war froh, dass es allmählich dunkler wurde, denn mein Gesicht hatte bei seinen ersten Sätzen garantiert eine deutliche Rotfärbung angenommen. Rasch antwortete ich:

»Ich hab ein Jahr als ›Bufti‹ bei den Johannitern gejobbt, dann Erzieherin gelernt. Ich bin im Sommer mit dem Anerkennungsjahr fertig geworden. Bist du noch Student?«

»Na, im September hatte die Paukerei ein Ende. Vor vier Wochen habe ich mit der Arbeit angefangen. Das Leben ist zu kurz zum Rumgammeln, habe ich festgestellt.«

Wir schwiegen beide. Ich, aus Überraschung über seine Veränderung zum Positiven. Er, weil er mit der Betrachtung meines Standes beschäftigt schien. Neugierig fragte er:

»Seit wann bist du am Christkindlmarkt vertreten?«

»Schon ein paar Jahre. Kathi, eine Freundin von mir, besitzt eine Bäckerei und wollte hier mitmischen. Ich übernehme den ersten Wochenenddienst für sie und wahrscheinlich das dritte Wochenende auch noch. Es macht mir Spaß. Ich treffe tausend Leute, die ich kenne, und hab es schön warm.«

»Nachdem du schlank bist, schlagen die Platzerl bei dir ned an, oder?«

Ich grinste frech.

»Warte bis zum 17. Dezember. Vielleicht muss dann einer die Hüttentür vergrößern. Platzerl mag ich schon, aber ich hab sie schnell über. Magst was trinken, Basti? Letztes Jahr hab ich den Punsch nimmer vertragen wegen der Säure. Deswegen gibt's dieses Jahr auch Honigwein und sanften Blaubeerpunsch. Da fällt mir ein: Es pressiert. Ich muss den Rest noch auspacken, sonst bekomm ich keine Bosna mehr ab, bevor der Rummel hier losgeht. Und ich hab echt Hunger!«

»Pack du deine Sachen in Ruhe aus. Ich wollt mir eben eine Bosna holen, als ich dich gesehen hab. Ich bring dir eine mit.«

Ich starrte ihn ungläubig an.

»Du bist auch noch nett geworden. Wow, danke.«

Seine warmen Augen ließen mich nicht los, und mit einem Mal lag in der leicht nebligen Gasse ein Knistern in der Luft, dessen goldene Funken ich beinahe sehen konnte.

Dann wandte er sich abrupt um und schlenderte zu der Bude, die seit über 50 Jahren an die Kirchenmauer geklatscht dasteht und ein beliebter Anziehungspunkt für Jung und Alt, Wasserburger oder Touristen, ist.

Basti musste sich bereits anstellen, aber die Schlange würde im Lauf des Abends noch deutlich länger werden. Bis er zurückkam, hatte ich meine Dekogläser mit den hohen Kerzen angezündet, die Getränke dampften mit der richtigen Temperatur, und ich hatte einige Tassen und Platzerltüten bereits an Mann und Frau gebracht. Er legte mir den in Papier gewickelten Leckerbissen hin, der Duft brachte mich fast um.

»Du bist mein Retter, Basti. Vielen Dank. Wie wär's mit Glühwein und Platzerl als Nachspeise?«

»Ein guter Tausch. Bitte einen Met«, nickte er und biss mit sauberen, weißen Zähnen herzhaft in das krosse Brot. Mein Magen knurrte neidisch auf, und ich ließ die Kelle sinken, nachdem ich ihm eine Tasse von dem heißen Honigwein eingefüllt hatte. Die Geschmacksexplosion der langen Semmel mit der herzhaft gewürzten Wurst, den Zwiebelstücken und dem Senf trieb mir die Tränen in die Augen. Rasch vertilgte ich das Lieblingsessen vieler Wasserburger Schüler.

Die Anzahl der Besucher stieg nun mit dem Einbruch der Dunkelheit an. Überall leuchteten flackernde Kerzen und die Lichterketten der Buden. Es duftete nach Glühwein und Mandeln, die Atmosphäre war wie immer ein Traum.

Ich hörte die Stimmen vom Rathausplatz, wo der Bürgermeister die Eröffnung bekannt gab. Das vielfältige Programm an den vier Wochenenden bietet nicht nur Nikoläuse und Weihnachtsengel, die Geschenke ausgeben, sondern auch Unterhaltung durch verschiedene Musikgruppen und Interpreten. Ein Highlight für mich sind immer die Turmbläser, die direkt über mir am nächsten Wochenende aufspielen würden. Über ein Winterkarussell und die kleine Bimmelbahn freuen sich alljährlich die Kleinen, im Basar-Zelt auf der Hofstatt kann man allerlei Essbares, aber auch Seifen, Schaffelle und vieles mehr erwerben. An einem der Wochenenden sind zum Schrecken vieler und auch mir die Perchten, grausig verkleidete Tänzer, in den Gassen unterwegs. Laut dem Brauch treten sie dem Bösen in den Raunächten entgegen. Hier ist die Weihnachtsstimmung dann eher schaurig als besinnlich.

Schüsse hallten wie Donner durch die Nacht, vielfach gebrochen an den Felsen der Flusswindungen des Inns, der Wasserburg umschlingt. Die Böllerschützen gehören auch zum Brauchtum in Bayern. Der Lärm ist wirklich ohrenbetäubend, wenn zwischen zwanzig und dreißig alte Pistolen, mit Schwarzpulver geladen, gleichzeitig abgefeuert werden. Aber Brauch ist Brauch, und dieser kommt bei vielen Anlässen wie

Hochzeiten, Beerdigungen und eben heute zum Einsatz.

Kurz schoss es mir durch den Kopf, dass man zeitgleich einen Mord begehen könnte, ohne dass der Schuss zu hören wäre.

»Du schaust, als sähest du einen Geist, Toni. Was ist los?«

Beinahe hätte ich Basti vergessen, der neben der nicht abreißenden Schlange von Glühweinfreunden lässig an der Seite meines Standes lehnte.

»Ich mag das Böllerschießen ned besonders«, erwiderte ich seufzend, und alle Frauen in der Schlange gaben mir recht.

»Das ist ein Höllenlärm. Jedes Kind und jedes Viecherl erschreckt sich zu Tode«, schimpfte eine.

Der Mann zwei Reihen hinter ihr grummelte: »Müsst's euch halt die Ohren zuhalten, wenn's so empfindlich seids.«

»Die Rehe tun sich da ein bisserl hart«, war meine Antwort, und Basti und die Leute lachten. Ich schenkte einen Porzellanbecher nach dem anderen aus und füllte meine Töpfe eilig nach, als einmal eine kurze Pause zu kommen schien. Die Turmuhr schlug, und ich spähte auf mein Handy. Erst 19 Uhr, doch es kam mir vor wie Mitternacht.

»Ich schau mich noch um, dann bin ich um neun wieder da«, sagte Basti. Einige Bekannte hatten ihn in der letzten Stunde angesprochen und erstaunt seine Veränderung kommentiert. Meine Freundin Maria, eine gemeinsame Klassenkameradin, hatte offen mit ihm geflirtet, aber er war nicht darauf angesprungen.

»Hast a Freundin, Basti?«, hatte sie ganz frech wissen wollen.

»Da war bisher keine Zeit, Maria«, war seine ruhige Erwiderung gewesen, woraufhin sie in meine Richtung nickte.

»Die Toni hat auch keinen Freund. Sie muss nachts immer allein heimgehen, wenn der Stand geschlossen ist. Vielleicht magst du sie ja begleiten?«

»Maria!«, stöhnte ich. Gewohnt peinlich, die Gute, aber trotzdem war die Idee nicht ganz schlecht. Obwohl es nicht wirklich spät wäre – die dunklen Gassen Wasserburgs konnten unheimlich sein. Vor allem bei Nebel wie heute Nacht.

Basti war offensichtlich nicht nur ansehnlicher, sondern auch höflicher geworden, sodass ich einen Begleiter für den Heimweg bekam. An der Schanze vorbei, den Köbinger Berg rauf bis zur Burgau ist es ein langer, dunkler, steiler Weg, wenn man ihn nachts allein gehen muss.

Es wurde allmählich ruhiger an diesem Abend. Es kamen nur noch einzelne Grüppchen an mir vorüber, das Gedränge und Geschiebe war für heute vorbei.

Zwischen einer Gruppe dick vermummter Kinder mit ihren Eltern erspähte ich zwei Männer, die vor der Kirche standen und sich mit zueinander gebeugten Köpfen unterhielten.

Blaue Jacke, grüne Mütze – war das Basti? Und wer war der andere? Dessen Gesicht konnte ich unter der Laterne gut erkennen: Lang, hager, mit dunklem Schnurrbart und schmalen Augen. Er hatte die Hände tief in den Taschen seines dunkelgrauen Lodenmantels vergraben und trat von einem Fuß auf den anderen. Ein typischer Großstädter, nicht aus Wasserburg. Hier ginge keiner mit dünnen Slippern auf den Christkindlmarkt.

Was hatte Basti mit dem Unsympathen so lange zu quatschen?, wunderte ich mich. Er packte Basti – falls er es war – am Oberarm, aber dieser schüttelte den Griff ab. Beide überquerten die Straße, wo sie unter den im Dunklen liegenden Arkaden der alten Stadthäuser verschwanden. Ich erhaschte nicht mehr als sich bewegende Schatten und vermutete, dass sie sich Richtung Gries entfernten, dem Parkplatz in der Innenstadt.

Ich spülte ab und stand gleich darauf wartend vor meinem geschlossenen Stand, die beachtlichen Abendeinnahmen in der Tasche. Wo blieb Basti? Hatte er sich kurzfristig für etwas anderes entschieden? Ich würde noch zwei Minuten warten und dann losgehen. Da tauchte er endlich auf.

Basti kam von der westlichen Seite, von der Herrengasse her, was mich wunderte. Aber in Wasserburg liegt alles sehr nah beieinander. Außerdem war es schon eine halbe Stunde her, dass ich ihn mit dem anderen Mann gesehen hatte. Er entschuldigte sich rasch, dann machten wir uns auf den Heimweg.

»Du wohnst also noch zu Hause, Toni?«

Ich kuschelte mich tief in meinen Parker und nickte, den Mund im gestrickten Rundschal vergraben.

»Ja, in der Ausbildung verdient man nicht so üppig. Außerdem versteh ich mich mit meiner Familie gut. Bisher gab's keinen Grund auszuziehen. Und du?«

»Ich hab Glück gehabt und direkt hier in der Stadt eine tolle Wohnung bekommen. Drei-Zimmer-Maisonette mit Parkplatz in der Tiefgarage.«

»Altbau?«

»Na, relativ neu, in dem Ärztehaus am Palmanopark, wo auch der Grieche ist.«

»Da haben einige Wohnungen Dachterrassen, gell?«

»Ja, ich hab eine, das ist super. Arbeiten tu ich zwar in Rosenheim und Umgebung, aber ich wollte gern nach Wasserburg zurück.«

Wir unterhielten uns, lachten über Geschichten aus seiner und meiner Arbeit, und plötzlich waren wir vor meiner Haustür angekommen. Ich zögerte.

»Das war nett von dir, mich zu begleiten. Magst noch mit reinkommen?«

»Hab ich gern gemacht, ein andermal vielleicht. Ich muss morgen früh meinem Vater helfen. Er hat sich den Arm gebrochen, und es liegen drei Ster Holz vor der Tür, die aufgeschlichtet werden wollen. Aber ich schau wieder am Stand vorbei.«

Ich nickte und war über meine Enttäuschung erstaunt.

»Nur, wenn es dir recht ist«, fügte er schnell hinzu und wirkte erstmals etwas unsicher. »Schließlich habe ich dich früher oft genug genervt, Toni.«

Meine Erwiderung war spontan. Ich dachte keinen Moment darüber nach, als ich ihn küsste. Nur ganz kurz, dann flüsterte ich, über mich selbst erschrocken: »Es ist mir recht, und ich freu mich. Gut Nacht.«

Ich beeilte mich, ins Haus zu kommen, und spähte in der dunklen Küche durch die Vorhänge. Ich sah, wie er noch einen Moment verwirrt hinter mir her blickte. Dann drehte er sich um und verschwand im immer dichter werdenden Nebel.

Am Samstag schlief ich lange. Kein Wunder, schließlich war mir das Einschlafen schwergefallen. Bastis Gesicht ging mir nicht aus dem Kopf. Ein Gesicht, dass mir ebenso gefiel wie der ganze Mann, wie unsere Unterhaltung und wie der Kuss in der Nacht.

Meine Mutter leistete mir beim späten Frühstück Gesellschaft und fragte mich über den Abendumsatz aus. Nebenbei erzählte ich von Basti. Erstaunlicherweise war ihr seine Heimkehr nicht neu.

»Er kam neulich beim Edeka auf mich zu, und wir haben uns ein bisserl unterhalten. Er hat sich gut entwickelt, finde ich. Was meinst du?«

Ich räusperte mich, und sie begann zu lachen.

»Ah ja. Ich dachte mir doch, ich hätte euch beide gestern Nacht vor der Haustür gesehen.«

Gespielt erbost blickte ich sie mit zusammengekniffenen Augenbrauen an. »Mama, du spionierst mir nach und gibst dich dann nicht mal zu erkennen?«

»Mei, ich kann eben ned gut einschlafen, solange du allein im Dunklen mit dem ganzen Geld durch die Stadt gehst. Mir wär es lieber, ich hole dich ab. Aber wenn dich Basti heimbegleitet, ist mir das ebenso recht. Macht er das heute wieder?«

»Kann sein, weiß ich noch nicht. Mich stört das viele Geld in der Tasche auch. Das berede ich nachher mit Kathi.«

In dem Augenblick läutete es an der Tür, und meine Freundin trat ins Haus. Ich übergab ihr die Einnahmen, und sie zählte mir meinen Stundenlohn ab.

Gleichzeitig äußerte ich mein ungutes Gefühl. Sie nickte nachdenklich.

»Ich versteh dich gut, Toni. Soll ich zwischendrin mal vorbeispringen und den Großteil abholen? Abends kann ich leider nicht, weil Thomas auf Dienstreise ist. Ich lasse ungern die Kinder allein.«

Ich überlegte. Das war für Kathi auch ganz schön umständlich.

»Nein, lass mal. Wenn mich Basti nicht begleitet, dann rufe ich Mama an, dass sie mich abholt, okay?«

»Basti? Welcher Basti?«

Ich erzählte ihr vom gestrigen Abend, und Kathi brach in Gelächter aus. Wir waren zwar nicht in die gleiche Schule gegangen, kannten uns aber vom Basketball-Training schon seit ewigen Zeiten. Und genauso lange hatte sie mit meinem Gejammer über Bastis Anmach-Taktik leben müssen. Noch die Tränen aus den Augen wischend, verließ sie kichernd das Haus, sehr zum Amüsement meiner Mutter. Viel Zeit hatte ich nicht mehr, und nach einem kurzen Fernseh-Intermezzo, bei dem ich den Super-G der Damen mit Spannung verfolgte, startete ich wieder hinunter in die Altstadt.

Heute war mehr los, viele Besucher von außerhalb nutzten das Wochenende für einen Ausflug nach Wasserburg.

Als es dämmerte, tauchte mein Schlaf-Hemmschuh mit einem reichlich belegten Vinschgerl in der Hand auf und grinste mich an.

»Geht das auch? Hat mich im Vorbeigehen grad so angesprungen. Es schmeckt super.«

Ich lächelte ein wenig unsicher, weil ich an das Ende des gestrigen Abends dachte. »Ja, die mag ich sehr, danke. Was hättest du denn gerne?«

»Der Met hat es mir angetan, und zu einem weiteren Kuss würde ich auch nicht Nein sagen.«

Ich schluckte, aber sein Grinsen wirkte unwiderstehlich anziehend. Ohne nachzudenken, öffnete ich die kleine Holztür an der Seite des Standes und ließ ihn herein.

Ich muss nicht erläutern, dass weder Met noch Vinschgerl die verdiente Anerkennung bekamen. Wir wurden jedoch bald von lachenden Kunden unterbrochen, die ihre Wünsche anbrachten. Es war der schönste Abend, den ich je in diesem engen Raum verbracht hatte. Wir arbeiteten Seite an Seite, und wenn es die Situation zuließ, saßen wir nebeneinander auf den Hockern. Sein Arm um meine Schultern geschlungen, beobachteten wir das Treiben und genossen die weihnachtliche Musik.

Ich vergaß die schlechten Erinnerungen aus der Jugend. Zu prickelnd und anders waren die neuen Gefühle für diesen Mann.

»Toni, schau nur, es schneit«, sagte er mit einem Mal, und wir freuten uns über die Flocken, die immer dichter herabschwebten und bald die Steine der Rathausgasse bedeckten.

Gestalten tauchten aus dem Schneetreiben vor uns auf: zwei Beamte der hiesigen Polizei.

»Grüß Gott, die Herrschaften. Wir bräuchten eine Auskunft. Waren Sie gestern Abend auch hier?«

»Ja, bis um neun, warum?«, antwortete ich.

Einer der Polizisten zog ein Bild aus der Jackentasche und reichte es mir. »Haben S' den zufällig gestern gesehen?«

Der Mann mit dem Lodenmantel! Ich wartete darauf, dass Basti seine Bekanntschaft zugab, aber es kam nur ein »Nein, tut mir leid.« von seiner Seite. Ich reichte das Foto zurück und gab gespielt gelassen Auskunft: »Der stand da drüben, mit einem anderen Mann. Sie unterhielten sich, dann hat er sein Gegenüber am Oberarm gepackt, darüber war der sauer. Danach sind beide über den Zebrastreifen gegangen. Ich glaube in Richtung Gries, da bin ich mir aber nicht sicher. Was ist mit ihm?«

Die beiden sahen sich an, dann bekam ich eine Antwort, mit der ich niemals gerechnet hätte. »Er saß erschossen auf dem Beifahrersitz in einem Wagen. Der stand auf einem Parkplatz an der Umgehungsstraße. Sie sind die zweite Person, die ihn gestern hier bemerkt hat, aber die Einzige, die ihn mit einer anderen Person gesehen hat. Können Sie diesen Mann beschreiben?«

Ich schluckte. Neben mir stand Basti in der blauen Jacke, seine grüne Mütze lag auf dem Stuhl. Konnte er es gewesen sein? Und wäre es möglich, dass er dann so kaltblütig hier stand? Seit dem Abitur war viel Zeit vergangen. Ich kannte den Mann nicht wirklich, mit dem ich diese schönen, letzten Stunden verbracht hatte. Es konnte durchaus sein, dass er sich nicht nur zum Positiven geändert hatte, oder? Mir wurde schlecht, aber es gab für mich keinen Grund zu lügen.

»Er war etwa genauso groß wie der ...« – O Gott, im Himmel! – »... Ermordete. Er trug eine dunkelblaue

Jacke und eine grüne Mütze. Mehr konnte ich nicht erkennen, er stand mit dem Rücken zu mir.«

»Das hilft uns schon, vielen Dank. Ich notiere mir nur noch Ihren Namen, falls wir weitere Fragen haben. Außerdem brauchen wir Ihre Aussage schriftlich. Kommen Sie bitte am Montag auf die Wache.«

Ich nickte und gab ihm meinen Namen und die Adresse.

Im Davongehen hörten wir noch, wie der eine zum anderen leise sagte: »Lass die Suchhundestaffel anrücken. Jetzt haben wir einen Punkt, wo sie mit der Suche anfangen können. Dann finden wir raus, woher er die Drogen hatte.«

Mir wurde eiskalt. Rasch sah ich auf mein Handy, denn Basti konnte ich nicht ins Gesicht blicken. Fast neun.

»Ich räume jetzt auf, mir reicht es für heute«, sagte ich leise, aber er stand dicht vor mir und fragte:

»Was ist los, Toni? Macht dir das Angst?«

Ich sah in die warmen, braunen Augen und dachte: *Ist er wirklich so abgebrüht?*

»Toni, was ist los?«

Was sollte ich sagen? Dass ich es für möglich hielt, dass er ein Mörder war? Wegen der gleichen Kleidung? Weil er als Jugendlicher mal gekifft hatte?

Das hörte sich weit hergeholt an. Und eigentlich war das Allerletzte, was ich wollte, ihn zu verdächtigen. Dass sich dieser Mann, den ich so anziehend fand, als Verbrecher entpuppte. Doch ich würde in seiner Begleitung tausend Tode auf dem Heimweg sterben, solange seine Unschuld nicht erwiesen war.

Ich beschloss zu lügen. Etwas anderes fiel mir nicht ein. »Nichts, ich hab nur überlegt, du musst mich nicht nach Hause bringen, Basti. Ich gehe heute doch noch bei Maria vorbei. Danach können mich meine Eltern holen.«

Seine Augen blickten enttäuscht, aber er nickte.

»Okay, dann verschwinde ich. Maria wohnt nach wie vor ums Eck?« Ich zwang mich zu einem Lächeln.

»Ja, immer noch. Danke, Basti.«

Sein Gesicht näherte sich meinem, und ich schloss die Augen, als er mich küsste. Warme Lippen, die mir Wohlbehagen verschaffen wollten. Doch sie konnten die Kälte in meinem Herzen nicht vertreiben. Basti spürte, dass ich seinen Kuss nicht erwiderte, und zog sich zurück.

»Ich werd nicht schlau aus dir, Toni. Aber ich werd dir nicht mehr nachlaufen. Wenn du Gesellschaft willst, ruf mich an.«

Er verließ den Stand, und die Tür schloss sich mit einem deutlichen Rums. Basti war innerhalb von Sekunden im Schneetreiben verschwunden. So ist das mit Prickeln und Verliebtfühlen. Es wird vom Leben an- und ausgeknipst wie eine Lampe. »Jetzt war eben ›Aus‹ dran«, seufzte ich.

Ich rief zu Hause an, aber meine Eltern waren tatsächlich ausgegangen. Was ihnen vergönnt war, nachdem ich vor zwei Stunden mitgeteilt hatte, dass mich Basti sicher heimgeleiten würde. Ich war schon oft allein gegangen, da würde heut schon nichts passieren. Und der Mord war ja nicht hier begangen worden, sondern vermutlich an der Umgehungsstraße. Oder auch nicht? Darüber hatten sie sich nicht genauer ausgelassen, die Herren von der Polizei.

Ich machte alles dicht, schloss ab und schlenderte noch bei den Nachbarständen vorüber, um ein wenig zu ratschen.

Am letzten Stand vor der Herrengasse ergatterte ich einen Crêpe mit Schokolade, dann zögerte ich kurz, bevor ich die Abkürzung zwischen Herrengasse und Färbergasse nahm.

Verdammt, war das hier dunkel, aber immerhin spendeten die Schaufensterbeleuchtungen ein wenig Licht. Als ich auf die Färbergasse trat, kamen mir einige lachende Menschen entgegen.

»Alles gut, Antonia«, sprach ich mir Mut zu und bog eilig in die Schustergasse ein, wo ich an der Cocktailbar und den kleinen Läden vorüberkam, die unsere Stadt so liebenswert machen. Die Ledererzeile, Wasserburgs »Einkaufsmeile«, wurde von der Baumdekoration hell erleuchtet – wie ein Winter Wonderland.

Ich hätte mich pudelwohl gefühlt an diesem traumhaften Ort unter Menschen, hätte ich nicht gewusst, dass noch dunkle Gassen auf meinem Heimweg warteten. Als ich in den kleinen Weg einbiegen wollte, der zwischen den Häusern zur Post führte, sah ich einen Schatten in Richtung Burgtreppe verschwinden. Meine Schritte wurden langsamer. War das eine blaue Jacke gewesen?

Wenn der Tote in einem Auto auf dem Beifahrersitz gefunden worden war, wie ist denn dann eigentlich der Mörder weggekommen? War er überhaupt weg oder ist er wieder in die Stadt zurückgekehrt, um seine Drogengeschäfte abzuschließen? Ich schüttelte den Kopf. Keine Ahnung von den Fakten, dafür viel zu viel Fantasie, schalt ich mich. Dennoch bildete ich mir eines sicher nicht ein: Hinter dem Torbogen stand ein Mann.

Statt den Weg zu nehmen, der mich direkt nach Hause geführt hätte, bog ich nach rechts ab und schob mich zwischen einige Gruppen, die plaudernd in Richtung Winterbasar-Zelt spazierten. Das Zelt würde auch schon geschlossen haben.

Sollte ich mich in den »Roten Turm« setzen und etwas trinken, bis meine Eltern heimkämen? Da fiel mir ein, dass meine Mutter das Kino erwähnt hatte. Also waren sie nicht erreichbar.

Sollte ich eine Freundin anrufen? Ich belästige ungern andere, aber mich mit Hunderten von Euro in eine Kneipe zu setzen, war auch nicht nach meinem Geschmack. Blieb nur, heimzugehen.

Ich sah mich mehrfach um, doch der Mann war nicht zu sehen. Rasch bog ich in die Friedhofgasse ein und begann zu laufen. Die alte Stadtmauer erhob sich vor mir. Durch den Friedhof hindurch? Nein, lieber nach links. Ich hastete weiter, aber als ich an der nächsten Gasse ankam, erblickte ich den bekannten Schatten an der Seite. Er hatte sich durch mein Hin-und-her-Gerenne nicht austricksen lassen. Wusste er, wo ich wohnte? War es tatsächlich Basti? Inzwischen war ich weit davon entfernt, nur nervös zu sein. Nein, ich war panisch vor Angst!

»Toni, warte!«

Basti! Warum folgte er mir? Ich beschleunigte mein Tempo und schlug Haken zwischen Fitnesscenter und

Bahnhofsplatz. Einige Leute, die mir dick vermummt entgegenkamen, sahen mir erstaunt nach, als ich an ihnen vorüberkeuchte. So schnell war ich den steilen Berg, den ich seit meiner Schulzeit hasste, noch nie hinaufgesaust. Ich war auf der Flucht.

Fast hatte ich es geschafft. Endlich bog ich in unsere Straße ein und kramte schweratmend und mit zittrigen Fingern nach meinem Haustürschlüssel. Als ich endlich drinnen war, drehte ich panisch gleich noch zweimal den Schlüssel um und lief durchs Haus, um alle Fenster und Türen zu kontrollieren. Dann stellte ich mich ans Küchenfenster. Mein Atem ging rasselnd, und mein Herz pochte laut.

Da! Basti stand vor dem Gartentor. Er ließ es aufschwingen und trat an die Haustür. Ich wagte nicht zu atmen. Würde er läuten? Ich spähte in den Flur und sah, wie ein Zettel unter der Tür durchgeschoben wurde. Dann schlug das Gartentor zu und ich beobachtete, wie er sich entfernte. Neugierig schnappte ich mir den Zettel: »Ich habe versprochen, dich heimzubringen, Toni. Schlaf gut. Basti.«

Die Nacht war der reinste Alptraum. Eine Verfolgungsjagd nach der anderen ließ mich am Morgen wie gerädert erwachen.

Es folgte der letzte Dienst an diesem Wochenende, und ich hatte jetzt schon Angst vor dem Heimweg. Zu meinen Eltern sagte ich nichts, bat aber darum, gegen 21:15 Uhr am Rathausplatz abgeholt zu werden.

Es wurde trotz jeder Menge Kunden und ein paar netter Gespräche mit Bekannten ein fader Abend.

Kein Basti – und er fehlte mir. Auf Abendessen hatte ich keine Lust, stattdessen knabberte ich meine eigenen Kekse.

Gegen 18 Uhr standen dann die beiden Polizeibeamten vom Vorabend wieder da. Der Schrecken fuhr mir in alle Glieder, fühlte sich an wie ein Schlag in den Magen und ließ meine Hände flattern.

»Guten Abend. Wir wollten nur kurz Entwarnung geben. Der Täter wurde gefasst. Die Suchhundestaffel hat letzte Nacht Spuren gefunden, wodurch wir Schlüsse zu Motiv und Person ziehen konnten. Dank Ihrer Beschreibung und den neuen Erkenntnissen wurde der Mann in Ebersberg festgenommen. Die Indizien waren eindeutig, er hat bereits gestanden. Wenn Sie bitte trotzdem morgen bei uns die Aussage bestätigen könnten.«

Ein Mühlstein ungeheuren Ausmaßes polterte von meinem Herzen, und ich nickte mein Einverständnis.

»Warum hat er den Mann getötet?«, brachte ich mühsam hervor.

»Uneinigkeit im Drogenmilieu. Mehr dürfen wir dazu nicht sagen«, wurde mir knapp erzählt, und die Boten der guten Nachricht verschwanden wieder.

Der Schnee wurde immer dichter, dann erhob sich lautes Klirren und Gebrüll. Ich erschrak fürchterlich, als ein zotteliger Kopf mit Hörnern vor mir auftauchte. Ein Percht – der hatte mir noch gefehlt.

»Ich hab heute keinen Nerv für euch«, schrie ich wütend, woraufhin der Maskierte drohend seine Rute schwenkte. Perchten sind keine zarten Kinderschrecke, sie können grob werden. Da tauchte hinter dem unwillkommenen Besucher ein Mann auf und tippte ihm an die Schulter. *Basti!* Er flüsterte dem Perchten etwas ins Ohr, und dieser verschwand mit einem letzten Gebrüll in meine Richtung. Mein Retter legte seine Arme gemütlich auf der Theke ab und grinste mich an.

»Ich weiß, ich habe gesagt, ich komme nicht, bevor du mich rufst. Du hast heute nach mir verlangt, oder täusche ich mich?«

Ich begann zu lachen. »›Ich habe heute keinen Nerv für euch‹ war mein Stichwort«, kicherte ich, und er hob gespielt reumütig die Schultern.

»Willst du reinkommen? Du hast mir gefehlt«, gestand ich, was ein breites Lächeln auf sein Gesicht zauberte.

»Ich dachte schon, du magst mich nicht, so wie du gestern drauf warst, Toni. Warum bist du vor mir weggelaufen?«

»Ich hatte Angst und hab dich nicht erkannt. Nur die blaue Jacke und die grüne Mütze, genauso eine, wie der Mörder sie trug. Da fühlte ich mich verfolgt.«

Mehr wollte ich zu meiner Dummheit nicht sagen. Aber das musste ich auch nicht, denn nach einem fassungslosen Kopfschütteln schlossen sich seine Arme um mich und boten mir Wärme, Geborgenheit und ein helles Licht der Zuversicht in dieser tief verschneiten Stadt.

Wasserburg am Inn trägt den Beinamen »nördlichste Stadt Italiens« wegen der Eiscafés und der vielen lauschigen Plätze. Es ist aber auch im Winter ein mystischer Ort und bei dichtem Nebel, den der manchmal unberechenbare Inn hervorruft. Ich liebe diese Stadt und die fantastischen Träume, die sie mir schenkt. Wasserburg ist immer einen Besuch wert.

Der Brief aus Amerika

Kerstin Groeper

Schorsch saß am Küchentisch und hielt mit bebenden Fingern den Brief in den Händen. Was er las, was dort in englischer Sprache geschrieben stand, ging weit über seinen Verstand. Sein Englisch war ohnehin nicht gut und diese Amtssprache wirklich schwer zu enträtseln. Aber so viel hatte er verstanden: Er hatte eine Tochter! Kein Zweifel! Seine Gedanken wirbelten durcheinander und verursachten ein völliges Gefühlschaos. Er war 55, kämpfte gerade mit der Rentenversicherung um seine Invalidenrente, und Frauen waren für ihn in den letzten Jahren ein Tabu gewesen. Er lebte mit seiner Schwester zusammen, die ihm den Haushalt führte, während er sich um die Landwirtschaft kümmerte. Nun war auch das vorbei, denn sein lahmes Bein ließ die schwere Arbeit nicht mehr zu.

Eine Tochter! Immer noch schwirrte ihm der Kopf, als ihn die Erinnerung an damals einholte. Er konnte sich bis heute nicht erklären, was ihn nach Aschau getrieben hatte, wo eine Gruppe indianischer Tänzer und Musiker auftrat. Indianer! So ein Unsinn, hieß es damals in Brannenburg. Ein bisschen *heya-heya* und Winnetou-Musik. Er war trotzdem dorthin gefahren. Mit leuchtenden Augen hatte er zugesehen, wie mit Federn geschmückte Indianer sich im Takt der Trommeln bewegten. Ein kulturelles Austauschprogramm. Besonders eine junge Frau hatte ihn in seinen Bann gezogen, die mit ihrem farbenprächtigen Kleid und einem mit Fransen besetzten Tanzschal über die Tanzfläche wirbelte. Unauffällig war er in ihrer Nähe geblieben, als sie anschließend hinter einem Klapptisch die Musik der Band verkaufte. Sie konnte kein Deutsch, und so erbot er sich, ihr ein bisschen zu helfen. Die nächsten Tage waren sie sich regelmäßig begegnet, und er begleitete sie auf den Ausflügen und Besichtigungen, die für die Gäste veranstaltet worden waren. Bis heute wusste er nicht, wie er in der letzten Nacht vor der Abreise in ihrem Zimmer im Hotel gelandet war. Aber die Nacht hatte sich tief in seine Erinnerung eingeprägt. Eine Nacht der Glückseligkeit und der absoluten Zufriedenheit. Eine Nacht, in der er vergessen durfte, dass er ein Invalide war, ein unscheinbarer Mann, der Frauen nichts bieten konnte. Eine Nacht, in der zum ersten Mal seine Schüchternheit auf fruchtbaren Boden gefallen war. Während deutsche Frauen ihn mieden, war diese Indianerin offensichtlich froh gewesen, dass er eben nicht aufdringlich war. Nur ganz selten hatte er sie mit einem Seitenblick gestreift und jeden Abend brav am Hotel abgesetzt. Ja, und dann war er auf ein Bier eingeladen worden ... und sie wohl auch ... bis er sich bei ihr im Zimmer wiederfand. Es war die schönste Nacht seines Lebens gewesen. Sie hatten gekichert und herumgealbert wie kleine Kinder und sich gegenseitig Anekdoten aus ihren Leben erzählt – und sie sich über sein Englisch totgelacht. Sie war gegen ihn gefallen und plötzlich in seinen Armen gelandet. Er wusste nicht, wie sein Mund auf dem ihren und wie er plötzlich neben ihr im Bett gelandet war. Er wusste nur, dass er diese Nacht für immer in Erinnerung behalten würde. Sanft, erotisch, ohne Gewissensbisse und Hemmungen. Eine Nacht, in der er ein Mann und sie eine Frau gewesen war.

Am nächsten Tag hatte sie ihn verlassen. Einfach so. Weg. Zurück nach Amerika. Weiter entfernt, als er es sich überhaupt vorstellen konnte. Sein Herz war ein schmerzender Klumpen gewesen, als er dem Bus nachgesehen hatte, der sein Mädchen einfach entführte. Nie würde er ihr Lachen und zaghaftes Winken zum Abschied vergessen können. War es ihr vielleicht peinlich gewesen? Ihn beschlich nicht das Gefühl, dass er nur ein kurzes Abenteuer gewesen war. Sie waren Seelenverwandte gewesen.

Wieder blickte er schweigend auf den Brief, in dem die unglaubliche Nachricht stand: Er war Vater einer kleinen Tochter! Neun Jahre alt! Er dachte daran, was er die letzten Jahre gemacht hatte. Für ihn war der Verlust dieser Frau so schmerzlich gewesen, dass er angefangen hatte, Kurzgeschichten zu schreiben. Selbstverständlich über Indianer. Er sammelte inzwischen alle Bücher, die er im Internet über Indianer finden konnte. Meist natürlich über ihr Volk, aber irgendwann war seine Sammelleidenschaft dazu übergegangen, einfach alles über Indianer zu kaufen. Cheyenne! Sie war eine Cheyenne gewesen. Seine Nachbarn schüttelten den Kopf über seinen Spleen. *Ein Spinner!*, dachten sie. Inzwischen vermochte er aber, eine ganze Reihe Kurzgeschichten zu veröffentlichen, sodass selbst die Zeitung schon über ihn berichtete. Ein Spätberufener! Schrullig, aber gut!

»Was liest du da?«, unterbrach ihn die Stimme seiner Schwester.

Schorsch fuhr aus seinen Gedanken hoch. Umständlich faltete er den Brief zusammen und steckte ihn wieder in den Umschlag. Wie sollte er seiner Schwester von dieser Nacht beichten? »Weißt du«, begann er umständlich, »der Brief ist aus Amerika!«

»So?« Auf der Stirn seiner Schwester erschien ein dickes Fragezeichen. »Wer schreibt dir denn aus Amerika?«

»Das Gericht!«, erklärte er geheimnisvoll.

»Das Gericht?«, wunderte sich die Schwester. »Hast was angestellt?«

»Schmarrn!«, wehrte er unwillig ab. Was sollte er denn in Amerika angestellt haben? Das war ja lächerlich. »Da war ich ja noch nie!«

»Eben!«, bestätigte die Schwester. »Warum schreiben die dir dann?« Ihr rundes Gesicht leuchtete vor Neugier. Auch sie war nicht mehr jung, und ihre gerunzelte Stirn ließ sie älter aussehen. Ihr Mund war leicht geöffnet und zeigte zwei Reihen schiefer Zähne. Trotzdem wirkte sie freundlich. Ihre Augen lächelten gutmütig, als sie ihrem Bruder zunickte.

»Schwester!«, murmelte Schorsch etwas verlegen. »Ich glaub, ich muss dir was beichten.«

Die Augen der Schwester wurden noch runder, wenn das überhaupt möglich war. »Was denn?«

»Ich hab ein Kind.«

»Wie bitte?« Die Stimme der Schwester war vor Überraschung ganz hoch.

»Ich hab eine Tochter!«, wiederholte Schorsch. Wie um seine Worte zu beweisen, zog er den Brief wieder aus dem Umschlag. »Sie ist neun und heißt Gertrud. Sie kommt Weihnachten zu uns.«

»Gertrud? Was ist denn das für ein Name?«

Schorsch musste kichern. »Ein bayrischer! Das muss ein Scherz sein.«

»Warum ein Scherz?«

»Na, Gertrud kommt aus Amerika.« Dann ließ er die Katze aus dem Sack. »Und sie ist eine Indianerin!«

Seine Schwester ließ sich auf einen Stuhl plumpsen und starrte den Bruder fassungslos an. »Was, eine Indianerin?«

Schorsch nickte wichtig. »Ja, ihre Mutter ist Indianerin.«

»Und du willst der Vater sein?«

Schorsch nickte erneut. »Ja! Hier steht es schwarz auf weiß. Die Mutter sagt, dass ich der Vater bin.«

»Und das glaubst du?« Die Falten auf der Stirn seiner Schwester wurden so tief wie Schluchten.

»Schon!«, bestätigte Schorsch. »Wir sind eine Nacht beinander gewesen.«

»Eine Nacht?«

»Ja!«, antwortete Schorsch ehrlich. Sollte seine Schwester doch denken, was sie wollte. »Damals, als die Indianer in Aschau waren. Weißt du noch?«

»Ja, so ein Schmarrn!« Die Stimme der Schwester wurde wütend. »Die möchte dich doch bloß ausnutzen. Auf dein Geld hat sie es abgesehen! Und auf den Hof!«

»Nein!« Schorsch schüttelte verneinend den Kopf. »Ganz gewiss ned!«

»Und woher willst du das wissen?«

Schorsch faltete den Brief auseinander und hielt ihn seiner Schwester unter die Nase. Seine Stimme wurde plötzlich brüchig und traurig. »Weil sie schon tot ist! Bloß das Kind lebt!«

Die Schwester starrte ihn ungläubig an und nahm den Brief entgegen. Sie überflog die Zeilen und legte ihn dann auf den Tisch. »Das ist Englisch. Das versteh ich ned.«

Schorsch nickte. »Ich im Grunde auch ned. Aber ich versteh' so viel, dass die Mutter gestorben ist und angegeben hat, dass ich der Vater bin. Sie hat mich erst kurz vor ihrem Tod im Internet gefunden. Über den Bericht von mir in der Zeitung.«

»Meinst, dass des stimmt?«

Schorsch blickte auf das Wachstuch, das auf dem Tisch lag, und drehte den Brief so, dass er ihn lesen konnte. Seine Hände strichen über die Worte, als würden sie Spuren folgen. »Ja!«, erklärte er knapp. »Ich glaub', dass das Kind meine Tochter ist.«

»Warst du wirklich mit der Indianerin zusammen? Das ist doch ein Schmarrn!«

Schorsch zuckte die Schultern. »Nein, das ist kein Schmarrn. Ich war wirklich mit ihr zusammen. Eine Nacht!«

»Schorsch!« Es war Staunen, Anklage und Vorwurf in einem.

Schorsch zuckte zusammen und senkte den Blick. Ja, es war nicht christlich gewesen! Aber er hatte bis heute keine Ahnung, was damals wirklich passiert war. Nur, dass er mit diesem wunderbaren Wesen im Bett gelandet war. Gut, damals wog er auch noch bestimmt zehn bis zwanzig Kilo weniger. Nur schüchtern war er halt gewesen. Aber genau das schien diese Indianerin anziehend gefunden zu haben. Raven! So hatte sie geheißen und sich dabei über seinen Namen amüsiert: Georg Thaler, Thaler wie Goldstück! Über diesen Namen und sein Bild in der Zeitung, in der über seine Kurzgeschichten berichtet worden war, konnte sie ihn ausfindig machen. Sie hatte veranlasst, dass er von seiner Tochter erfuhr. Sie wollte ihrer Tochter zumindest ermöglichen, ihren deutschen Vater kennenzulernen. Wenn er das ablehnte, sollte das Kind bei einer Tante in Amerika leben. Schorsch wusste, dass dieses Mädchen sein Kind war, denn niemals würde eine Indianerin ihre Tochter Gertrud nennen, wenn sie nicht eine Beziehung zu Bayern hätte. Der Name sagte einfach alles. Aber warum hatte sie nicht früher Kontakt zu ihm aufgenommen – warum ihm nie geschrieben, dass er der Vater war? Er hätte doch gezahlt! Mit Freuden! Warum mit der Wahrheit bis nach ihrem Tod warten? Der plötzliche Schmerz stach in sein Herz. Raven war tot! Er war so traurig, dass er kaum noch Luft bekam. All die Kurzgeschichten, die er geschrieben hatte, waren plötzlich wertlos. All die Bücher, die er gelesen hatte, waren plötzlich sinnlos. Wozu sich mit Indianern beschäftigen, wenn Raven nie mehr wiederkam? Er erinnerte sich an ihren anmutigen Tanz, wie sie wirbelnd über die Tanzfläche geflogen war und ihren Schal flattern ließ. So jung, so geschmeidig, mit schwarzen Zöpfen, wehenden Fransen und diesen wundervollen schwarzen Augen, die ihn verschmitzt anlachten. Warum war sie nie zu ihm zurückgekehrt? Er schluckte schwer und konzentrierte sich auf seine Schwester, die irgendetwas zu ihm sagte. »Was?«, fragte er.

»Woher willst du wissen, dass das Kind wirklich von dir ist?«

»Weil sie Gertrud heißt!«, wiederholte er seine Theorie.

»Ach, das kann auch nur ein Trick sein! Mach lieber einen Vaterschaftstest.«

»Das brauch' ich ned.« Seine Stimme ließ keinen Zweifel zu.

Die Schwester stutzte sichtlich und blickte ihn verwundert an. »Echt? Ich meine, du hast wirklich ... Ich mein ... mit dieser Indianerin?«

Schorsch nickte bestätigend. »Ja! Und nun kommt das Kind zu uns.«

»Aber sie redet doch gar kein Deutsch.«

Schorsch kicherte hemmungslos. Seine Schwester war auch zu lustig. »Nein, wahrscheinlich ned.«

»Eine Indianerin? Da bei uns?«

Schorsch nickte. »Ja!«

Wieder brauchte seine Schwester einige Sekunden, um sich zu fangen. »Wann kommt sie denn?«

»Weihnachten!«, murmelte Schorsch glücklich. »Weihnachten haben wir ein richtiges Christkindl.«

»Ein Christkindl? Da bei uns?«

»Ja, da bei uns. Ist das nicht schön? Wir wollten doch immer Kinder auf dem Hof.«

Die Schwester lehnte sich mit verschränkten Armen zurück. »Wo soll's denn schlafen?«

Schorsch zuckte erneut die Schultern. »Mei, Zimmer haben wir ja genug. Richten wir halt eins her. Ein Kinderzimmer.«

»Ein Kinderzimmer?«

»Schon! So mit Puppenstube und allem. Halt für ein Madl!«

»Und geht sie dann bei uns auch auf die Schule?«

Schorsch blickte wieder auf den Brief. »Scheint so! Sie soll jetzt bei mir bleiben. Nur im Sommer soll sie zu den Verwandten auf die Rez!«

»Was ist denn eine Rez?«, fragte die Schwester irritiert.

»Na das, wo ihr Volk lebt. Da machen wir im Sommer Urlaub mit dem Madl.«

»Eieiei!«, flüsterte die Schwester. »Fliegen wir da nach Amerika?«

»Freilich!«, bestätigte Schorsch. »Das Kind wird ja sonst aus der Umgebung gerissen. Ein bisserl Indianer muss sie schon noch bleiben. Aber den Rest vom Jahr bleibt sie da bei uns.«

»Und das steht da alles in dem Brief?«

Schorsch nickte nur. Dann lächelte er glücklich. »Martha! Ich hab eine Tochter!«

Die Schwester sah ihn an und erwiderte dann das Lächeln. »Mei, so was Schönes! Da dran hab ich nicht mehr geglaubt! Wie schaut sie denn aus?«

Schorsch schüttelte den Kopf. »Keine Ahnung! Sie haben kein Foto geschickt.« Ein bisschen klang Enttäuschung in seiner Stimme.

»Und wie willst du sie erkennen, wenn sie am Flughafen ankommt?«

Schorsch gluckste vor Vergnügen. »Na, so viele Kinder werden wohl kaum alleine reisen.«

Martha lachte ebenfalls, aber dann wurde ihre Stimme leise vor Sehnsucht. »Aber du nimmst mich schon mit, wenn du zum Flughafen fährst? Ich bin doch die Tante!«

Schorsch nickte. »Freilich!« Dann wurde er ernst. »Hilfst du mir, das Zimmer herzurichten? Und Spielzeug einzukaufen? Und einen Kindersitz fürs Auto brauchen wir auch!«

Martha klatschte vor Begeisterung die Hände zusammen. »Aber natürlich. Und ein schönes Gwand! Und in der Schule müssen wir es anmelden.«

Schorsch winkte ungeduldig ab. »Das hat Zeit. Lassen wir es erst einmal ankommen. Deutsch muss es auch erst lernen. Und traurig wird sie auch sein. Ihre Mutter ist ja gestorben.«

»Dafür hat sie jetzt einen Papa! Du wirst ein wundervoller Vater sein.«

Martha stockte, als ihrem Bruder plötzlich die Tränen über die Wangen liefen. »Meinst du wirklich?«

Martha nickte voller Inbrunst. »Ja, das mein ich.«

Vier Wochen später fuhren die beiden zum Flughafen München. Es war das erste Mal, und so waren sie zeitig aufgebrochen, weil sie fürchteten, dass sie den Terminal 2 nicht finden würden. Sie parkten das Auto und standen gut eine Stunde vor der Ankunft bereits am Ausgang, um das Kind in Empfang zu nehmen. Martha holte zwischendurch einen Kaffee und drückte ihn ihrem Bruder in die Hände. »Schau mal, der Flieger ist schon gelandet!«, versuchte sie ihren Bruder zu beruhigen.

Schorsch hatte feuchte Hände vor Nervosität. Immer wieder strich er sie an den Hosen trocken. *Gepäck/Baggage* leuchtete es neben der Flugnummer auf. Hatte denn Gertrud Gepäck dabei? Gebannt verfolgte er, wie die Türen immer wieder aufglitten, Passagiere mit Trolleys ausspuckten und sich wieder schlossen. Wo blieb seine Tochter? Er dachte daran, ob auch alles vorbereitet war. Das Kinderzimmer mit dem Mädchenbett und dem schönen Puppenhaus, das seine Schwester gekauft hatte. Er konnte es überhaupt nicht mehr erwarten. Seine Tochter!

Nach einer gefühlten Ewigkeit öffnete sich erneut die Tür, und eine Stewardess kam heraus, die ein Kind an der Hand führte. Ein kleines Mädchen mit dunkler Hautfarbe, schwarzen Zöpfen und einem Schild um den Hals, auf dem die Abkürzung »UM« für »unbegleitete Minderjährige« stand. Sie zog einen kleinen pinkfarbenen Koffer hinter sich her, während die Stewardess einen größeren Koffer mit sich führte. Das Kind blickte ängstlich mit großen Augen um sich und klammerte sich Hilfe suchend an der Frau fest.

Schorsch klopfte das Herz bis zum Hals, als er seine Tochter zum ersten Mal sah. Ein wunderschönes, graziles Kind, ohne Hinkebein oder Lähmungserscheinungen. Sie hatte wunderschöne Haare, ein feines Gesicht mit großen dunklen Augen und geschwungenen Lippen. Er erkannte sofort die Ähnlichkeit zu Raven und ganz kurz überlegte er, ob sie auch ihm ähnelte. Dann lächelte er. Nein, gar nicht! Sie war einfach wunderschön!

Ganz vorsichtig ging er auf sie zu und streckte ihr die Arme entgegen. »Gertrud! I am your Daddy!« Tränen liefen über sein Gesicht, als er zum ersten Mal seine Tochter in die Arme nahm und sie sanft an sich drückte. Raven war endlich zurückgekehrt, und er würde sie immer beschützen! Endlich hatte sein Leben einen Sinn! Der Schmerz in seinem Herzen verging und wich einem Gefühl der Dankbarkeit und Freude.

»Hi, Daddy«, flüsterte das Kind, dann rückte es etwas von ihm ab und lächelte ihn mit seinen schwarzen Augen an.

Zauber der Zeit

Ainoah Jace

Wütend knallte der Mann den Kofferraumdeckel zu. Er steckte das Handy in die Innentasche seines Skianoraks und befestigte die Langlaufski an seinen Schuhen.

Einen kurzen Moment überkam ihn der bekannte Schwindel, als er sich aufrichtete. Er hielt sich am Wagen fest, dann blickte er in die Weite hinüber zu der Ansammlung von Häusern rund um die Klosterkirche von Altenhohenau. Der Schneefall ließ nach, und er konnte allmählich mehr als nur Schemen und weiße Flocken erkennen.

Carina hatte ihn endgültig abserviert. Egal – sie hatte nie begriffen, wie wichtig seine Arbeit war. Und dass er damit den Lebensstil ermöglichte, den sie so liebte. Unsinnige, romantische Gedanken hatten seine Freundin zu der Trennung veranlasst. Denn welcher hart arbeitende Mann glaubte schon an die Wichtigkeit von gemeinsamen Mahlzeiten zu Hause? In Wirklichkeit meinte sie damit sicher Candle-Light-Dinners. Dabei hatte er sie doch regelmäßig an den Samstagabenden ausgeführt und dabei keine Kosten gescheut. Aber das war ihr nicht genug gewesen. Vermutlich hatte sie einen Reicheren an der Hand. Vielleicht war es sogar einer seiner Golfkameraden?

Während er vom Waldparkplatz in Richtung Inndamm glitt, dachte er misstrauisch über die möglichen Rivalen nach.

»Verdammt noch mal, wann kommt denn hier eine Loipe?«, fluchte er laut vor sich hin. Er hatte doch von der Straße aus Langläufer gesehen, da war er sich sicher.

Keuchend rutschte er den Hang hinauf. Durch die blattlosen Laubbäume hindurch konnte er den Inn erkennen. Den mächtigen Strom, der sich aus den Schweizer Alpen über Österreich bis nach Passau windet, um dort in die Donau zu fließen.

Was er dagegen nicht finden konnte, waren professionell gespurte Loipen. Man sah lediglich deutlich, dass hier zwei Hobbysportler nebeneinander gelaufen waren. Unterschiedlich tiefe Spuren ließen darauf schließen, dass zumindest einer der Langläufer mit Gleichgewichtsproblemen zu kämpfen hatte.

Er dagegen betrieb diesen Sport seit Jahren ebenso ehrgeizig wie alles andere, das er anpackte. Carina hatte dies verbissen genannt. Dumme Ziege! Was sie als Sport betrachtete, rang ihm keinen einzigen Schweißtropfen ab. Ihr rechthaberisches Grinsen, als er bestätigen musste, dass sein Hausarzt ihn gedrängt hatte, in Beruf und Sport kürzerzutreten, hatte Wut in ihm ausgelöst.

Beim Sex dagegen hatte sie ihn unverschämterweise als leidenschaftslos eingestuft. »Du musst keine Höchstleistung abliefern, Leo, sondern Gefühl.«

Es hatte ihn völlig verunsichert. Gefühl, immer wieder Gefühl! Kälte hatte sie ihm vorgeworfen. Was war denn verkehrt an ihm?

Als er bei seinem Freund Josef Rat gesucht hatte, war dessen erste Reaktion Kopfschütteln gewesen. Nicht über Carina, sondern über ihn. »Leo, du verlierst irgendwann den Boden unter den Füßen, wenn du nur noch an Arbeit und Leistung denkst. Mach doch mal langsam! Carina hat ganz recht. Genieße das Leben!«

Diese Worte machten ihm Angst. Wie sollte er denn bitte einem solchen Rat nachkommen? Er würde seinen Job verlieren, sobald er kürzertrat. Sah das keiner ein?

Er wandte sich nach Süden und lief auf die Häuser zu. Dann strauchelte er und wäre beinahe gestürzt, als etwas großes Graues seinen Weg kreuzte. Ein Dachs!

Das Tier war riesig und erstarrte ebenso wie der Läufer. Mann und Tier blickten sich an, dann begann der Dachs drohend zu knurren. Leo brach der Schweiß aus, aber er verhielt sich ruhig und ließ das Raubtier nicht aus den Augen. Dem schwarz-weiß gestreiften Kopf mit den kleinen Äuglein und der langen Schnauze folgte nach einem kurzen Hals der gedrungene Körper mit den silbernen Grannenhaaren und dem kurzen, aber kräftigen Schwanz. Die Krallen an den Vorderfüßen sahen wehrhaft aus. Waren diese Viecher angriffslustig? Der Dachs begann zu schnuppern, dann drehte er sich um und verschwand wieder unter den dornigen Sträuchern.

Leo atmete erleichtert aus und setzte seinen Weg fort. Bei den Gebäuden angelangt, erblickte er die bekannte Klosterkirche St. Peter und Paul mit dem ehemaligen Dominikanerinnenkloster. Dennoch beschloss er, auf dem Weg zu bleiben. Leider stellte sich nach wenigen hundert Metern heraus, dass er am Ende des befahrbaren Weges angekommen war. Nur ein schmaler Trampelpfad verlor sich im Mischwald.

Die Sonne kam heraus, und der Inn begann im kalten Weiß zu glitzern. Leo entschloss sich spontan, die Ski abzuschnallen. Kurz wunderte er sich über sich selbst, denn er hasste Spontaneität.

Er umrundete einige hohe Bäume und trat an den Fluss. Vor ihm erhoben sich schnatternde Enten, die er aufgescheucht hatte. Eine hölzerne Bank lud ihn zum Verweilen ein, und er kam, ebenfalls völlig untypisch für ihn, dieser unausgesprochenen Einladung nach. Seine Gedanken schweiften ab.

Introvertiert oder unterkühlt nannten ihn viele. Dabei war er doch nur überarbeitet, was aber nicht zu ändern war. Zumindest nicht in nächster Zeit. Wenn er wieder einmal durchschlafen könnte, ginge es ihm besser.

In der Ferne galoppierte ein Pferd mit Reiter über die verschneiten Wege. Früher war er auch gern reiten gegangen. Dies hatte er jedoch mangels echter Erfolge im Turniersport aufgegeben. Zu wenig Gefühl für das Tier, war die Meinung seines Trainers gewesen. Neben seinem Pech mit den Frauen, so stufte er die zerbrochenen Beziehungen zu Carina und ihren Vorgängerinnen ein, war dies sein einziger Misserfolg gewesen.

Einen Augenblick lang überkam ihn eine bleierne Müdigkeit, und er schloss erschöpft die Augen.

Ein raschelndes Geräusch zeigte ihm, dass er nicht allein war. Ein Biber ließ sich nur wenige Schritte vor ihm durch das Schilf und dann ins Wasser gleiten.

Noch nie hatte er einen Biber in freier Wildbahn gesehen.

Er zog sein Handy heraus und starrte auf das Display. Keine Nachricht von Carina, keine Bitte um Verzeihung. Vielleicht lag es nur am schlechten Empfang? Sie hatte ihm die Pistole auf die Brust gesetzt. Drei Jahre wären sie jetzt zusammen. Sie wollte heiraten und eine Familie gründen. Das Alter hätten sie beide ja wohl erreicht. Leo hatte noch nie einen Draht zu Kindern gehabt, und das Letzte, was in seinem Lebensplan vorkam, waren eigene Kinder. Dies war wohl das Tröpfchen gewesen, das das Fass zum Überlaufen gebracht hatte. Warum konnte Carina nicht einfach versuchen, in ihrem Beruf Karriere zu machen und damit zu einem besseren Lebensstil beitragen? Das taten andere moderne Frauen doch auch. Kinder, pah!

Er erhob sich und stapfte an einem Holzstoß mit dicker Schneehaube vorbei.

Die Ski wieder an den Füßen, lief er den Weg zurück, den er gekommen war. Vielleicht sollte er sich ins Auto setzen und bis nach Halfing zu einer vernünftigen Loipe fahren. Oder gleich nach Sachrang oder Ruhpolding?

Als neben ihm ein weißer Reiher aus einem Bachlauf emporstieg, stoppte er und starrte dem Vogel mit der mächtigen Spannweite staunend hinterher.

Sein Blick schweifte über das kleine Tal, den Wald, der glitzernd vor ihm lag, und er entschied sich, dem Damm weiter zu folgen. War hier nicht vorhin das Pferd entlanggelaufen? Er sah keine Hufspuren, sonderbar.

Etwas später verließ er den Damm und glitt vorsichtig schräg hinab zu einer kleinen Brücke. Er folgte dem dick verschneiten Weg in den Wald hinein. Seine Atmung ging heftig, obwohl ihn die Bewegung nicht anstrengte. Die Luft war so frisch und wohltuend, dass er das Atmen genoss.

Leo kniff die Augen zusammen, als er in der Kurve vor sich etwas Buntes erblickte. Was zum Teufel war das?

Eine Minute später starrte er fassungslos auf einen vereisten Bachlauf, an dessen Ufern gelbe und blaue Blümchen sprossen. Blumen – im Winter? Was war das hier für ein Wald? Unerschrockene Dachse, Biber und Reiher. Pferde, die keine Spuren hinterließen.

Die Blümchen bewegten sich, als streifte sie ein Wind. Immer noch irritiert von den Frühlingsgewächsen im harten Winter, zog er sein Handy aus der Tasche, um diesen Ort mit der Kamera festzuhalten.

Schemenhaft registrierte er eine Bewegung hinter sich. Er drehte sich halb zur Seite und sah das weiße Pferd von vorhin auf sich zukommen. Ein zartes bläulich-gelbes Licht umgab wie ein Schleier die Reiterin, die ohne Sattel auf dem eleganten Tier saß. In einem weißen Kleid. Benommen schüttelte Leo den Kopf. Wurde er verrückt?

Die beiden kamen immer näher, doch er tat sich schwer, das Gesicht der Frau oder des Mädchens zu erkennen. Wie durch Weichzeichneroptik in der Fotografie verschwammen ihre Züge. Abwehrend hob er die Hände. Das Handy entglitt ihm und fiel zu Boden – ausgerechnet an einer Stelle am Bächlein, die nicht zugefroren war.

»Verdammter Mist«, schimpfte er und erstarrte vor Schreck, als das Pferd ungeduldig zu schnauben begann. Die Reiterin lachte, es klang nicht spöttisch, eher heiter. Dennoch ärgerte sich der Mann. »Was ist daran lustig?«

»Es ist nicht lustig, sondern schön, dass du eines der Dinge entsorgst, die dein Leben zu Eile und Hektik zwingen. Wenn du auf diesem Weg bleibst, wird es wieder lebenswert.«

Er starrte sie zornig an.

»Ich brauche mein Handy, und mein Leben ist lebenswert. Außerdem, was wissen Sie schon über mich? Und was geht Sie überhaupt mein Leben an?«

Sie trieb das Pferd mit einer winzigen zarten Bewegung neben ihn. Er erkannte mit einem Mal die Zartheit ihres Gesichts, die großen blauen Augen und die blonden Locken in jeder Einzelheit. Die Frau beugte sich zu ihm hinunter und flüsterte mit einem weich geschwungenen Mund: »Ich weiß, du hast den Zauberwald aufgesucht, weil du Hilfe benötigst. Und deshalb wird dir Hilfe zuteilwerden.«

Er schüttelte den Kopf. Lächerlich! »Unsinn! Es gibt keinen Zauberwald, und ich brauche keine Hilfe.«

In diesem Moment spürte er einen dieser schmerzhaften Stiche, die ihm sein Herz in letzter Zeit immer wieder zumutete. Unwillkürlich ging er in die Knie und verlor sein Gleichgewicht. Langsam, aber unaufhaltsam rutschte er mit den Skiern in den Bach.

Er hörte, wie das Eis knacksend brach. Spürte, wie das Wasser zuerst in seine Schuhe eindrang und ihn eisige Kälte überwältigte, als er mit dem restlichen Körper eintauchte.

Aber schlimmer als alles andere war der Schmerz in seiner Brust. Er fasste an die peinigende Stelle, als könne er die Qual damit entfernen, doch sie wurde stattdessen unerträglich. Leos Blick flog Hilfe suchend hinauf zu den Baumwipfeln, die sich im sanften Wind raschelnd und knisternd bewegten. Wo kamen denn mitten im Winter die Blätter her?

»Du brauchst Hilfe!«, wisperte die Stimme wie zuvor, ehe er das Bewusstsein verlor.

Leo erwachte von einem ungewohnten Knistern und dem Geruch von Holzfeuer. Als er die Augen aufschlug, sah er direkt in prasselnde Flammen. Sein Körper fühlte sich an wie nach einem Marathonlauf – mürbe und erschöpft.

»Trink!«, sprach die bekannte Frauenstimme, und er hob seinen müden Blick. Sie streckte ihm eine alte, zerkratzte Tasse entgegen, die er in seinem Leben nie angefasst hätte. Doch seltsamerweise streckten sich seine Finger nach der dampfenden, Wärme versprechenden Flüssigkeit. Der Duft aus Zitronen und etwas Unbekanntem schlug ihm entgegen, und er fühlte sich bereits deutlich besser, bevor er nur zu nippen begonnen hatte.

Die Weißgekleidete lächelte ihn an, doch er verstand nicht, was mit ihm geschehen war. Seine Stimme krächzte heiser: »Wo bin ich? Und wer sind Sie?«

»Du befindest dich auf heiligem Boden. Hier stand vor vielen Jahrhunderten das Haus der Elfe des Zauberwalds. Ihr Name war Emmeline. Sie schützte die Tiere und die Natur und verlor trotz ihrer besonderen Kräfte dabei ihr Leben. Ihr Haus, das nicht wie dieses aus Stein, sondern aus Holz, Schilf und Moos gebaut war, verfiel im Laufe der Zeit. Irgendwann nutzte ein Landwirt den Platz am Wegesrand und baute diese Hütte für seine Zwecke.

Die Menschen spüren an diesem Ort immer noch Emmelines Energie und Wohlwollen. Doch ihre Bemühungen werden allmählich durch die Gedankenlosigkeit der Menschen zunichte gemacht.«

»Aber hier ist die Natur doch einzigartig«, platzte Leo heraus. Was wollte ihm diese seltsame Frau, die nebenbei hübsch anzusehen war, denn für einen Unsinn verkaufen?

»Das ist dir aufgefallen?«, fragte sie nachdenklich. »Dann ist es vielleicht noch nicht zu spät für die Menschheit, wenn sogar jemand wie du, der alles zu verdrängen versucht, was nicht mit Leistung und Nutzen verbunden ist, das wahrnehmen kann. Was hast du gesehen, während du durch diesen Wald gestreift bist?«

Leo war bei den wenig schmeichelhaften Worten zusammengefahren, obwohl der Tonfall nicht tadelnd geklungen hatte. »Ich traf auf Tiere, die ich niemals zuvor in der Natur gesehen habe: Biber und Dachs.«

Sie nickte, und ihre Finger fassten nach seiner Hand.

Er zuckte zusammen, als sie ihn berührte, doch sie ignorierte es. Strahlend blaue Augen fixierten ihn und zogen den Mann in einen seltsamen Bann. Wohltuende Wärme breitete sich in seinem Körper aus.

»Erzähle mir von deinem Leben!«

Leo zögerte, denn sein Alltag schien so gar nicht hierher zu passen. An diesen Ort der Wärme und ruhiger Behaglichkeit. »Ich arbeite in einer aufstrebenden

Softwarefirma. Sonst gibt es nichts von mir zu erzählen.«

Sie lächelte und schüttelte tadelnd den Kopf. »Das ist nicht wahr. Versuche es!«

Leo fiel es schwer, sich darauf zu konzentrieren. Woraus bestand sein Leben neben seiner Arbeit?

Die Worte sprudelten plötzlich aus ihm hervor, als hätte die Frau eine Tür geöffnet. Entsetzt stellte er fest, dass er gestand, was er sich noch nie zuvor bewusst gemacht hatte. Geschweige denn, dass er es jemand anderem gegenüber zugegeben hätte.

»Ich arbeite zu viel, sogar den Sport betreibe ich zu extrem, sagt meine Freundin, die heute mit mir Schluss gemacht hat. Sie behauptet, ich bin zu kühl, zu vernunftbetont, ohne jegliches Gefühl.«

»Stimmt es denn?«

»Nein! Vielleicht ein wenig. Wenn ich die Menschen nicht mag.«

»Welche Menschen magst du nicht? Und warum?«

»Es gibt viele, die ständig von Gefühlen reden, anstatt ihre Arbeit zu tun und das Leben als das zu nehmen, was es ist.«

»Was ist das Leben für dich?«

»Die Notwendigkeit vorwärtszukommen. Erfolg zu haben, um gut leben zu können.«

Sie schwieg, und Leos Augen fielen wieder zu. Er fühlte sich so erschöpft und ausgebrannt. Warum war ihm das bisher nie aufgefallen? Weil er keine Zeit hatte, darüber nachzudenken.

Zeit? Er schoss panisch hoch. »Ich habe um 16 Uhr einen Termin in Rosenheim und muss zuvor noch unter die Dusche. Wie spät ist es?«

»Noch nicht spät genug«, war ihre rätselhafte Antwort, die Leo veranlasste, sich eilig aufzusetzen. Erneut wurde ihm schwindlig, und er spürte das Ziehen im Herzen, das einen weiteren Stich ankündigte. Vorsichtshalber ließ er sich zurücksinken. Was war nur mit ihm los?

Ein sanftes Lächeln begleitete ihre Erklärung. »Zeit – sie wird am liebsten beschleunigt, bis sie schließlich an dir vorüberrast. Es gibt immer weniger Orte auf der Welt, die dich davor bewahren können. Dieser Wald ist einer davon. Der Zauber Emmelines wirkt hier nach wie vor.«

»Die Zeit wird beschleunigt? Von wem?«, fragte er verwirrt.

»Von den Menschen selbst. Vielen gelingt es nicht mehr, sich aus der eiligen Hetze zu befreien. Mir scheint, dass auch du Opfer ihrer Klauen bist.«

Er lachte höhnisch.

»So ein Unsinn. Wir müssen schnell sein, um unser Pensum schaffen zu können. Nichts hat mich in seinen Klauen.«

»Deine eigenen Gedanken sind es, die dich vorwärts peitschen. Allgegenwärtige Ansprüche und Aufgaben, die dich überzeugen, dass sie bewältigt werden müssen. Sie verschleiern ihre Unwichtigkeit und lassen dich zu falschen Einschätzungen kommen. Wie oft denkst du täglich darüber nach, dass du noch schneller und effektiver werden musst? Wie sehr setzt du dich unter Druck, weil dir ein Lauf nicht rasant, ein Sprung nicht weit genug ist?«

Leo starrte die Frau entsetzt an. Woher kannte sie sein Leben so genau?

»Je länger du dich in diesem Wald aufhältst, desto eher verlieren diese Gedanken ihre Gewalt über dich. Wenn du es wirklich willst.«

»Ich muss mein Leben bewältigen. Ich kann nicht hierbleiben«, erwiderte er hilflos. Umgehend fügte er zornig hinzu: »Das ist doch alles Unsinn. Man muss arbeiten, um sich sein Leben finanzieren zu können. Und wer einen anspruchsvollen Job haben will, muss besser werden als andere. Ich habe noch viele Pläne.«

»Welche Pläne, Leo?«

»Eine Vier-Zimmer-Wohnung in der Innenstadt, hoch droben, wo ich einen phänomenalen Ausblick auf die Berge habe.«

»Wirst du Zeit haben, diesen Ausblick zu genießen?«

»Natürlich. Wenn ich frei habe oder später in Rente gehe.«

»Du könntest zuvor schwer erkranken und hättest gar nichts gesehen.«

Leo dachte kurz an die Herzstiche, dann winkte er ab.

»Ich will mit meiner Freundin spektakuläre Ort sehen und überall hinreisen.« Er korrigierte sich schnell, als sie die Augenbrauen hochzog: »Sobald ich frei habe oder in Rente bin.«

»Mit der Freundin, die dir eben davongelaufen ist, weil du nie Zeit für sie hast?«

In ihm glomm erneut Wut empor. »Mit Freunden in elegante Restaurants gehen, Cocktails trinken bis zum Abwinken.«

»Hast du viele Freunde?«

Er dachte darüber nach. Ihm fiel nur Josef ein, der lieber etwas mit seiner Frau oder anderen Pärchen unternahm. Als er ernüchtert schwieg, riet sie ihm: »Bleib einfach noch ein wenig liegen und ruh dich aus, Leo. Denke nicht nach. Wenn du wieder erwachst, wird dir vieles klarer sein.«

Sie strich ihm sanft mit den schmalen Fingern über die Stirn. Wohlige Wärme machte sich in ihm breit, und er schlief wiederum ein.

Als er erneut erwachte, war es bis auf das Feuer dunkel in der Hütte. Ihm war, als hätte er alles nur geträumt. Langsam erhob er sich und tastete sich trotz des starken Schwindelgefühls vorsichtig zur Tür. Sie war versperrt. Kurz verspürte er Panik, dass er eingesperrt worden war, dann überfiel ihn solche Erschöpfung, dass er freiwillig auf die Couch zurückkehrte. Wieder döste er ein, erwachte, schlief weiter. So ging es dahin, bis er jedes Zeitgefühl verloren hatte. Der Gedanke, dass er seinen Termin verpasst hatte, ließ ihn einen Augenblick verzweifeln, dann war ihm selbst dies zu anstrengend. Schließlich raffte er sich so weit auf, dass er den Sessel vor das Feuer schob, das wundersamerweise nicht heruntergebrannt war. Lange saß er da und starrte wie benommen in die Flammen.

Allmählich spürte er seine Kräfte zurückkehren. Er dehnte sich wohlig, öffnete und schloss die Hände zunehmend kraftvoller. Plötzlich erwachte in ihm der Drang, nochmals nach der Tür zu sehen. Sie war nicht mehr verschlossen.

Die Sonne blendete ihn, als er hinaus in den Schnee trat, in dem keinerlei Fuß- oder Hufspuren zu erkennen waren. Seine Ski und Stöcke lehnten an der Hüttenwand.

Wie viele Tage und Nächte waren vergangen? Hunger verspürte er seltsamerweise ebenso wenig wie Durst, obwohl er bis auf den Tee nichts zu sich genommen hatte.

Seine Hand griff an die Tasche. Ach ja, das Handy war ja untergegangen, er konnte weder Datum noch Zeit checken. Verwirrt schloss er die Hüttentür und wollte die Ski anlegen, da vernahm er das Weinen eines Kindes. Ohne zu überlegen, wanderte er den Weg entlang weiter hinein in den Wald. Im Schnee kniete ein kleiner Junge in Winterkleidung. Seine Hände in den bunten Wollhandschuhen hatte er vor das Gesichtchen gedrückt. Er konnte nicht älter als vier Jahre sein. Was machte er mutterseelenallein im Wald?

»Hallo. Warum bist du hier allein?«, fragte Leo sanft und kniete sich neben den Kleinen, der die Hände senkte und ihn mit großen, verweinten Augen ansah.

»Ich finde meine Mama nicht mehr«, flüsterte er unglücklich.

»Soll ich dir suchen helfen?«, bot Leo an und staunte über sich selbst. Der Kleine nickte heftig.

»Wo hast du sie denn zuletzt gesehen? Wie heißt du?«

»Samuel. Dort drüben! Sie war gerade noch hinter mir.«

»Ich heiße Leo. Dann komm, wir schauen mal, wo sie ist.«

Leo nahm den Jungen auf den Arm, als käme nichts anderes infrage. Nach wenigen Metern begann der Kleine zu plappern, und Leo lauschte verzückt den kindlichen Schilderungen über ein Reh, das er gesehen hatte. Daraufhin erzählte er von seinen Begegnungen mit Dachs, Biber und dem Schimmel, was Samuel ein helles Lachen entlockte.

»Da bist du ja, Samuel. Ich habe dich schon verzweifelt gesucht.«

Eine zierliche Frau eilte den beiden entgegen. Die Wangen gerötet von der Kälte, atmete sie heftig. Offensichtlich war sie gelaufen, während sie ihr Kind gesucht hatte. Sie erinnerte Leo an jemanden, aber er konnte nicht sagen, an wen. Als wäre sein Hirn wie leergefegt.

Er starrte sie an und reichte ihr den Jungen, als sie die Arme nach diesem ausstreckte.

»Leo hat mich gefunden und mir geholfen, dich zu suchen. Du warst plötzlich weg, Mama«, brabbelte der Kleine zunächst fröhlich, dann ein wenig vorwurfsvoll.

»Ich habe mich nur kurz umgedreht, und du warst verschwunden, du Schlingel. Du weißt doch, dass es hier auch andere Tiere als Rehe gibt und du nicht weglaufen sollst. Vielen Dank, dass Sie sich um ihn gekümmert haben.«

Leo lächelte sie an, und sie erwiderte das Lächeln. Samuel aber hatte noch einiges zu erzählen. »Leo hat einen Biber und einen Dachs gesehen. Und ein weißes Pferd, das von einer Frau in einem weißen Kleid geritten wurde.«

Die Frau lachte hell auf. »Was es nicht alles gibt. Wer reitet denn im Winter im Kleid durch die Gegend? Oder haben Sie so viel Fantasie, Leo?«

Fantasie hatte Leo noch niemand bescheinigt. Ausweichend antwortete er: »Ja, es war sehr seltsam. Sie haben einen reizenden, sehr aufgeweckten Jungen.«

Sie sah Leo erstaunt an und erwiderte leise: »Der noch nie mit Fremden gesprochen hat. Sogar Menschen gegenüber, die er kennt, ist er äußerst verschlossen.« Sie wirkte bedrückt. »Mein Mann hat uns vor einigen Wochen verlassen, deshalb sind wir hierhergezogen. Wir müssen uns ganz neu orientieren, und Samuel tut sich mit Neuem immer schwer. Erstaunlich, dass er bei Ihnen so zutraulich ist. Sie müssen ihn sehr beeindruckt haben.«

Die drei wanderten nebeneinander her und plauderten, bis sie zur Hütte kamen, neben der noch Leos Skiausrüstung lag.

Zögernd ergriff Leo die Klinke. Die Tür war versperrt. Er trat an eines der winzigen Fenster und starrte hinein. Kein Feuer war im Inneren zu sehen. Wie war das möglich? »Seltsam«, murmelte er.

Samuels Mutter strich sich ihr blondes Haar aus dem Gesicht und sah ihn fröhlich an.

»Nein, eigentlich nicht. Diese Tür habe ich noch nie unversperrt vorgefunden. Ich muss zugeben, ich habe es selbst oft versucht, sie zu öffnen. Irgendwie weckt dieser Ort meine Neugier und eine seltsame Sehnsucht in mir.«

Leo musterte sie erneut, und sie lächelte verlegen.

Langsam sagte er: »Ich weiß, es klingt komisch: Aber welchen Tag haben wir heute? Wie spät ist es?«

Ihr Blick zeigte, dass sie über die Frage verwundert war, doch die Antwort ließ Leo erstarren. Demnach hatte er genau eine Stunde hier im Wald verbracht. Keinen Nachmittag, schon gar nicht Tage oder Nächte!

»Wie kann das sein? Wie kann einem das Gefühl für Zeit so verloren gehen?«, murmelte er erschrocken.

Die junge Frau legte ihm beruhigend die Hand auf den Arm. »Zeit ist nicht wichtig«, meinte sie locker und lächelte ihn mit großen, blauen Augen an.

»Falls Sie es nicht eilig haben, wäre es schön, wenn Sie uns begleiten und eine Tasse Tee mit uns trinken würden, Leo. Ich heiße übrigens Emma.«

Die blauen Augen blitzten fröhlich, und er fühlte sich mit einem Mal heiter und ruhig. Emma? Hieß nicht die Elfe vom Zauberwald Emmeline? Was für ein seltsamer Zufall? Was war in dieser Stunde mit ihm geschehen?

»Kommen Sie, es ist nicht weit.« Sie nickte in die Richtung, in der auch sein Wagen stand.

Er tat einen Schritt, dann wandte er sich nochmals um und starrte zurück auf den Wald und die Hütte, die hinter ihnen lagen. Es blitzte hell auf zwischen den Bäumen voller Schnee, und er erkannte den Schimmel. Es saß keine Reiterin im weißen Kleid auf seinem Rücken, aber auf der Stirn des Pferdes fand er die Erklärung für diesen wundersamen Tag.

Elfen und Einhörner – sie hatten die Macht, alles zum Guten zu wenden. Auch für diejenigen, die nicht an sie glaubten und mit verschlossenen Augen durch die wunderschöne Welt eines Zauberwalds hetzten.

Im Wald von Altenhohenau fühlte ich mich schon oft wie in einem Zauberwald – unabhängig von der Jahreszeit. Mystische Farben, wie sie nur die Natur auf diesem besonderen Fleckchen Erde herbeizaubern kann, lassen mich immer wieder staunend bewundern und in zeitlose Ruhe und träumerische Gedanken versinken.

Die Natur liegt mir sehr am Herzen, ebenso wie der verantwortungsvolle Umgang mit ihr.

Die erwähnten Tiere gibt es in diesem Tal übrigens tatsächlich alle – bis auf eine Ausnahme.

Wie ich dem Weihnachtsmann half, seinen Schlitten zu reparieren

Horst Berger

Wer ruft um diese Zeit noch an?

Ich suche das Handy und melde mich.

»Lininger«, sagt er – es ist mein Chef.

»Wo sind Sie gerade?«

»Im Büro«, antworte ich. Und weil mir einfällt, dass dies missverständlich sein könnte, füge ich hinzu: »In der Baubude.«

Und um das zu rechtfertigen: »Ich will heut noch die Rechnungen, die geprüft werden müssen, durchgehen. Anschließend fahr ich nach Haus.«

»Alles liegen lassen und sofort hierherkommen. Ich hab vergessen, Ihnen zu sagen, dass wir heute nach Betriebsschluss unsere Weihnachtsfeier abhalten. Sie wissen, wo?«

»Wieder im ›Roten Stier‹?«, frage ich vorsichtshalber – nicht, dass ich was durcheinanderbringe.

»Ja, klar«, antwortet er, »kommen Sie schnell her; die anderen sind alle schon da, wir sind mit dem VW-Bus hergefahren – wegen Alkohol; Sie wissen. Müssen S' halt alkoholfrei trinken; machen S' eh jedes Jahr.«

»Kein Problem«, sag ich schnell, bevor ich das Gespräch wegdrücke und dann die Blätter, die auf dem Arbeitstisch herumliegen, einsammle. Ich verstau sie in der Schublade, dreh den Schlüssel um und ziehe ihn ab. – Auch wenn die Gefahr nicht groß ist, dass uns jemand unbezahlte Rechnungen klaut.

Einen Augenblick später bin ich draußen, starte den Baustellen-VW, den ich in letzter Zeit benutzen darf, und fahre in Richtung Eidorf los. Lange bin ich noch nicht unterwegs, da fängt es zu schneien an. Große Flocken wirbeln um die Windschutzscheibe des Wagens. Es schneit so dicht, dass die Fahrbahn in kurzer Zeit weiß ist und ich Bedenken wegen der Heimfahrt bekomme. Meine Kopfschmerzen, die mich in den letzten drei Tagen ständig geplagt haben, verstärken sich.

Als ich im »Roten Stier« ankomme, sind die meisten unserer Leute schon angeheitert. Das ist nicht schlimm, weil der Chef, der eh nichts trinkt, auf dem Rückweg fahren wird.

Wie die Leute vom Betrieb wegkommen, ist ihm egal. Die Klügeren werden ihre Frauen anrufen, und auf die Frauen, die bei uns arbeiten, werden die Ehemänner mit ihren Fahrzeugen warten – dass es keine Techtelmechtel gibt. Auf das passen die Ehemänner schon auf.

Es ist keine Frage: Ich bin der Letzte, der dazukommt. Und weil alle gespannt warten, dass das Essen aufgetischt wird, gibt es ein lautes Hallo und ein Gebrüll, das ich gar nicht verdient habe. Eine bedeutende Stellung hab ich ja nicht in unserem Betrieb. Gut, ich weiß, die schreien und machen Radau, weil ihnen sonst nichts einfällt.

Der Chef empfängt mich, als wär ich heut was Besonderes. Er entschuldigt sich nochmals, dass er mich übersehen beziehungsweise vergessen hat, und redet sich auf die viele Arbeit hinaus. Er sagt, er freue sich außerordentlich, dass ich hab kommen können und die Mannschaft nun vollzählig ist. In Wirklichkeit wird es ihm egal gewesen sein, sonst hätt' er mir nämlich einen Platz freihalten lassen.

Ich muss mir also einen Stuhl suchen und mich an einem Tisch dazwischendrängen; mehrmals »Entschuldigung« sagen für mein Zuspätkommen, obwohl es nicht meine Schuld ist. Sofort verstärken sich meine Kopfschmerzen, und ich weiß, dass es kein angenehmer Abend werden wird.

Endlich lässt die Wirtin das Essen auffahren.

Sofort frage ich mich, ob die Küche in dieser Wirtschaft wohl mal was anderes auftischen wird als jedes Jahr Schweinebraten mit Knödel und Kraut? Was dann kommt, geschieht wie üblich auf Anordnung unseres Chefs, der, wie jedes Jahr, sparsam ist und der wie immer gerade so viel ausgeben wird, dass keiner sagen kann, er wäre geizig gewesen. Es kommt genau das Essen, das unser Chef das Jahr über – nach vorsichtiger Kostenberechnung – eingeplant hat. Es gibt also auch heuer wieder: Schweinsbraten mit Knödel und Kraut.

Nachdem sich alle ihrem Stück Schwein, das bei manchen, die Glück haben, etwas Kruste drauf hat, und der Beilage widmen, kommt der Herr Oberlehrer Stusswallner aus Eidorf herein, der seit einiger Zeit im Ruhestand ist und sich zu seiner Pension ein paar Euro mit Weihnachtsfeiern dazuverdienen will.

Er fängt mit seinem Vortrag über das bayerische Christkindl an, erzählt aber gleichzeitig etwas über den Weihnachtsmann, der weit im Norden, im finnischen Rovaniemi, eventuell noch ein Stück weiter Richtung Polarkreis, zu Haus ist. Der soll übrigens Santa Claus heißen, und den Menschen, die dort droben wohnen, die Weihnachtsgeschenke bringen.

In Frankreich soll, wie der Herr Stusswallner behauptet, der Père Noël, der an manchen Orten ab und zu Papa Noël genannt wird, zuständig für das Austeilen der Geschenke sein.

Und bei uns ist es – das wissen die meisten – das Christkind. Was wiederum unterschiedlich aussieht, weil das Christkind, das mehr im nördlichen Bayern herumfliegt, erwachsen ist und kräftig gebaut ist, während es bei uns im Süden eher schlank und zierlich daherkommt, da es nicht viel tragen muss. Die Geschenke, sagen manche, fallen hier im bayerischen Süden weniger üppig aus als weiter oben. Das scheint, nach Stusswallner, der Grund zu sein, weswegen dem Christkind bei uns hinten am Namen ein »l« angehängt wird. Drum fliegen bei uns zur Weihnachtszeit auch keine Engel herum – gar mit einem Flammenschwert oder so etwas –, nein, es fliegen Engerl herum, die keine Flügel haben, sondern eben Flügerl, mit denen sie herumflattern wie die Schmetterlinge.

Weil ich nach wie vor Kopfweh hab, ess' ich nichts von dem Schweinsbraten. Nur zwei Gabeln mit Kraut schieb ich mir rein. Den Semmelknödel schneid ich erst gar nicht an und hör lieber dem Herrn Stusswallner zu.

Der ist bereits beim Weihnachtsmann angekommen und seinem Schlitten und den Rentieren, die das himmlische Gefährt ziehen müssen. In dem Zusammenhang hat er das Zugtier erwähnt, welches schlecht beieinander ist und eine ganz rote Nase hat. Dieses Rentier soll übrigens Rudi heißen, wie der Herr Oberlehrer Stusswallner behauptet. Normalerweise hätt' der Rudi daheim im Bett oder wenigstens im Stall liegen sollen. Der Weihnachtsmann hat jedoch, weil der Heilige Abend nicht mehr weit ist, nicht auf den Rudi verzichten können, weil der sonst bei dem Vierergespann gefehlt hätte.

Oder hätt' sich der Weihnachtsmann selber vor den Schlitten spannen sollen?! Das wär' dann doch, bei dem Ruf, den er weltweit genießt, unter seiner Würde gewesen. Geschafft hätt' er das schon, denn der Weihnachtsmann ist trotz seines Alters noch gut beisammen, was man ihm auf den ersten Blick nicht ansieht.

Jedenfalls hat das der Herr Stusswallner behauptet und das hat sich angehört, als wäre er, der Herr Oberlehrer im Ruhestand, mit dem Weihnachtsmann schon lange befreundet.

Die Bedienung hier im »Roten Stier«, die unwahrscheinlich gut ausschaut und die nicht nur den jungen Mitarbeitern, die bei uns als Bauzeichner arbeiten, gut gefällt, sondern auch den alten, die meinen, dass sie noch eine Chance bei ihr hätten, schaut aber lieber zu den Jüngeren hinüber; das merkt man sofort.

Sie heißt Betti, und ich weiß nicht, ob da manch einer irgendeine Vorstellung mit diesem Namen verbindet. Die Jungen vielleicht weniger, die alten Knacker bestimmt. Ich, ehrlich gesagt, nicht – weil ich immer noch Kopfweh habe.

Da kommt die Betti – ich hab gar nicht gemerkt, dass sie mich angeschaut hat – zu mir her.

»Und du?«, fragt sie, »was ist los? Schmeckt's dir nicht?«

»Ja, schon«, sag ich, obwohl ich fast nichts angerührt hab. Sie schaut auf mich herunter und hat was Fürsorgliches im Blick.

»Geht's dir nicht gut?«, fragt sie. »Soll ich dir das Essen einpacken?« Ich schau sie an, und sie merkt natürlich sofort, dass das keine gute Idee ist.

Sie sagt: »Wenigstens das Fleisch und den Knödel, das Kraut kann man weglassen.«

»Das wär' mir lieber«, antworte ich, »das ist besser zum Einpacken ... ohne Kraut.« Ich lächle sie an.

Sie lächelt zurück. »Was fehlt dir denn?«, fragt sie anschließend.

»Ich hab so was von Kopfweh«, sag ich, weil mir eh alles egal ist.

»Das kenn ich«, erzählt sie, »das hab ich auch schon gehabt. An einem solchen Tag freut einen nichts mehr.« Am Schluss fragt sie: »Hast was genommen?«

»Nein«, sag ich, »ich hab doch nix, weil ich die ganze Zeit auf der Baustelle war. Seit drei Tag ist es so schlimm. Solche Kopfschmerzen hab ich noch niemals gehabt, ehrlich. Sonst hätt' ich bestimmt was bei mir, das kannst mir glauben.«

Sie antwortet mir: »Geh mal in die Küch' und frag wegen der Anna, die hat auch immer mit Kopfweh zu tun.«

Ich geh hinüber in die Küche und frag nach der Anna. Die Frau, die vorn steht, plärrt den Namen »Anna« nach hinten, die dort irgendwo abspült. Anna kommt langsam nach vorn und macht ein Gesicht, als könnt' sie sich nicht vorstellen, dass jemand ausgerechnet sie ausrufen lässt. Ich seh' sofort, dass die Anna ein enormes Übergewicht hat. Ihr rundes Gesicht ist dunkelrot von der Hitze, die in der Küche herrscht. Als sie vor mir steht, schätz ich, dass sie an die zwei Zentner wiegt.

Ich frag sie, ob sie mir nicht was gegen Kopfschmerzen geben kann, und sag ihr, dass mich die Betti zu ihr geschickt hat.

Sie schaut mich kritisch an und fragt: »Is' es schlimm?«

Ich nicke.

Schon wühlt sie unter ihrer Schürze herum. »Ein paar hab ich noch«, sagt sie, »ich nimm heut eh nix mehr; fünfe sin' noch in der Packung. Die kannst von mir aus ham.« Sie hält mir die ramponierte Schachtel hin.

»Habt's ein Glas Wasser für mich?« Sie bringt ein Glas Wasser zu mir nach vorn.

»Zuerst bloß eine«, meint sie, »die wirken unheimlich stark.«

»Ach was«, sag ich, »eine, das wird nichts helfen, zwei werd' ich auf jeden Fall brauchen.«

»Wennst meinst«, sagt sie und gibt mir die Packung in die Hand. Ich drück' mir zwei von den Tabletten raus und spüle sie mit dem Wasser runter.

»Den Rest kannst behalten. Aber nicht gleich danach nochmals was nehmen. Höchstens, wenn's überhaupt nicht besser wird«, sagt sie noch. Ich steck mir die zerknitterte Schachtel in die Tasche, drücke ihr ein großzügiges Trinkgeld in die Hand und geh auf meinen Platz zurück.

Am Tisch ist mordsmäßiger Trubel ausgebrochen, und ich muss noch warten, bis die Tabletten anfangen, zu wirken. Es vergeht eine Weile, und das Geschrei und Durcheinandergerede wird dermaßen laut, dass ich befürchten muss, dass heute nichts mehr hilft.

Als ein paar von unseren jungen Spunden – Bauzeichner sind da offensichtlich die Schlimmsten – anfangen, die Betti zu begrapschen, reicht es mir. Ich steh auf, lass die Tüte, die mir die Betti hingelegt hat, liegen, und verschwinde, als müsst' ich zum Bieseln rausgehen.

Es hat aufgehört zu schneien, und die Straße ist wieder frei. Wahrscheinlich ist in der Nacht ein Streuwagen gefahren. Oder es war vorher gesalzen worden.

Bevor ich losfahre, werfe ich mir noch zwei von Annas Tabletten ein und schluck sie, ohne was zu trinken, runter. Schließlich will ich nicht mit Kopfweh und wie ein kranker Mann zu Haus ankommen, wo meine Frau auf mich warten wird und sich eventuell Sorgen macht.

Als ich auf die Straße einbiege, die in Richtung Prutting führt, liegt wieder Schnee auf der Fahrbahn und am Straßenrand. Dort wo der Wald beginnt, ist alles weiß.

Wie ich ein Stück – links Wald, rechts Wald – dahinfahre, merke ich, dass meine Kopfschmerzen nachgelassen haben.

Was sag ich? Nachgelassen? Sie sind weg, echt, wie weggeblasen, und weiter vorn, neben der Fahrbahn, leuchtet irgendwas strahlend hell; nur weiß ich nicht, was das ist. Ich geh mit der Geschwindigkeit runter und bin gespannt, was dort vorn auf mich zukommt.

Wie ich näher dran bin, erkenn ich einen Schlitten, der schräg an der Böschung über dem Straßengraben hängt. Eine Person sucht unten im Graben Päckchen zusammen und wirft sie auf den mit glitzernden Girlanden geschmückten Schlitten, der eh bis oben hin beladen ist mit dem Zeug, das ausschaut, als wären es lauter in buntes Papier eingepackte Weihnachtsgeschenke.

Die Person, die sich aufrichtet, als ich langsam herangefahren komme, erkenn ich in diesem Moment erst richtig: Es ist der Weihnachtsmann. – Na, besser gesagt: ein Weihnachtsmann. Um diese Zeit, kurz vor dem Heiligen Abend, wird es viele Weihnachtsmänner geben auf der Welt. Und weil der seltsame Typ winkt, und ich glaub, er will, dass ich anhalte, bleib ich stehen und geh die paar Schritte zurück, bis ich bei dem beleuchteten Gefährt ankomme. Als ich nahe dran bin, sehe ich, was passiert ist. Der voll bepackte Schlitten, an dem vorne vier Hirsche mit Geweih angeschirrt sind, ist etwas gekippt. Ah! Ich erkenn es erst jetzt: Es sind Rentiere, die im Graben unten stehen.

Die zwei Rentiere vorn sind mit den Vorderbeinen in die Knie gegangen und versuchen, sich hochzurappeln. Sie schaffen es zunächst nicht, weil der Boden nicht hart gefroren ist. Eins der Zugtiere hat eine rote Nase und niest heftig. Ich weiß nicht; mir kommt das arme Tier bekannt vor.

Die hinteren beiden stehen aufrecht, und in der eigenartigen Beleuchtung sehe ich, dass sie zittern.

Der Alte in seinem roten Mantel mit Kapuze hat einen strahlend weißen Bart, der nicht mehr ordentlich sauber ist, weil er – der Mantel auch – etliche Schlammspritzer abgekriegt hat. Der Typ springt gewandt, wie ich es einem alten Menschen nicht zugetraut hätt', aus dem Graben auf die Fahrbahn herauf und kommt auf mich zu.

»So ein Missgeschick«, sagt er, »ist mir noch nie passiert.«

Ich muss echt lachen über ihn und das gesamte Gespann, mit dem er hier im Graben gelandet ist.

»Wollten Sie auf den Weihnachtsmarkt nach Rosenheim?«, frag ich und füg hinzu: »Da sind S' heut viel zu spät dran. Der macht um acht Uhr zu. Können S' gleich umkehren.«

»Ja, umkehren, wie?«, antwortet dieser verunglückte Weihnachtsmann und deutet auf sein Gefährt. »Dort schaun S' hin.«

In diesem Moment seh ich es: Die rechte Kufe ist ungefähr in der Mitte abgebrochen. Das vordere, etwas kürzere Stück ist noch dran, wo es hingehört. Das andere Teil, das normalerweise bis zum Ende des Schlittens reicht, steht seitlich weg und reicht in den Straßengraben hinunter, wo es den bis obenhin beladenen Schlitten abstützt. Sonst wäre dieser noch weiter umgefallen und hätte die Geschenkeladung in den Straßengraben gekippt.

»Ham S' Glück gehabt«, sag ich.

»Glück?«, erwidert er, »wenn das ein Glück ist, weiß ich nicht, was Sie unter Pech verstehen. Langen S' hin und helfen S' mir. Meine drei Begleiter sind dafür nicht geeignet.« Er deutet in den Schlitten, und ich seh drei kleine Engerl.

Dass es Engerl sind, erkenn ich an den mit Goldstaub eingepuderten Flügerln, die derart geschickt angebracht sind, dass man meinen könnt, sie sind ihnen angewachsen. Die drei drücken sich verängstigt aneinander und blicken nicht auf, sodass ich ihre pausbäckigen Gesichter nicht richtig anschauen kann.

»Gut«, sag ich, »wir werden zuerst abladen müssen. Es hat demnach nichts gebracht, das Zeug wieder raufzuwerfen, was heruntergefallen war.«

»Ach wo«, meint der Weihnachtsmann, »nix abladen! Ich heb dir den Schlitten mitsamt dem Geschenkzeug hoch, und du reparierst mir die Kufe. Beides zugleich schafft nicht mal der Weihnachtsmann.« Er schickt ein tiefes, polterndes »Hohoho« hinterher.

Nachher zieht er ein Stück Holz unter dem Schlitten hervor, das wie eine halbe Kufe ausschaut. »Das lange Stück abmachen, das ist alles. Ich halte derweil den Schlitten fest.«

Mit einem kräftig herausgepressten »Ho-Ruck« hebt er den Schlitten mitsamt der Ladung und den drei Englein in die Höhe. Und ging' es noch ein Stück höher, würd' er die zwei hinteren Rentiere mit hochheben, dass sie keinen Stand mehr unter ihren Hufen hätten.

Die Anstrengung ist seinem puterroten Gesicht deutlich anzusehen. »Los!«, presst er zwischen den echten oder eventuell falschen Zähnen hervor.

»Wie, was?«, frag ich. »Zuerst brauch ich eine Säge, weil ich das neue Teil erst gradschneiden muss.«

»Abschneiden?«, schreit er, so gut es ihm unter seiner Anstrengung gelingt. »Bist du verrückt! Zieh das Teil, das im Dreck steckt, heraus und tu es hinten in den Schlitten. Unten ist ein Klemmverschluss, der es halten wird. Hier hast du das neue Stück. Das wird passen. Oder hast du noch nie was von einer Sollbruchstelle gehört?«

Selbstverständlich weiß ich, was eine Sollbruchstelle ist. Dass es die bei einer Schlittenkufe auch gibt, hab ich, ehrlich gesagt, nicht vermutet. Sein Befehlston hat mich eingeschüchtert. Jetzt befolge ich lieber seine Anweisungen, hebe das neue Kufenteilstück an – es ist verdammt schwer –, halte es an die Stelle, wo es abgebrochen ist, und – ich kann's nicht glauben – es passt.

»Leim!«, schreit der Weihnachtsmann, und die drei Englein schlagen mit ihren Flügerln und schweben von ihren Plätzen zu mir herunter. Eins von ihnen hat den Leimtopf, ein anderes den Pinsel, mit dem es den Leim auf die Sollbruchstelle pinselt. Ich schiebe das Kufenteil in dieses zackige Gegenstück, das noch fest am Schlitten dran ist. Ja, es passt ebenfalls.

»Hol's der Teufel«, würd' ich am liebsten sagen, doch das ginge entschieden zu weit. Da der Weihnachtsmann direkt neben mir steht, halte ich lieber meinen Mund und schiebe die beiden Kufenteile fest ineinander. Und was mir jetzt nicht jeder sofort glauben wird: Die Verbindung ist augenblicklich bombenfest.

»Hinten noch«, presst der Weihnachtsmann hervor, und ich seh' jetzt, dass ich fertig werden muss, sonst fällt ihm der Schlitten gar im letzten Augenblick noch aus der Hand.

Und nachdem ich gemerkt hab', dass der Weihnachtsmann ebenfalls seine Schwächen hat, geh ich zum Befehlston über: »Schraubenzieher her!«, schrei ich und deute mit der freien Hand an, dass was vorwärtsgehen muss.

»Wozu?«, schreit er verzweifelt zurück. Dann: »Goldscharnier nach unten, Kufe reinschwenken, Scharnier nach oben, kurz draufklopfen; fertig.«

Ich mach das, und er lässt den Schlitten wieder runter. Er muss sich kurz festhalten und ausschnaufen. Na ja, er ist halt nicht mehr der Jüngste, und ich versuch', das zu verstehen. Die drei Englein, die mir mit ihrem Leim geholfen haben, sitzen aneinandergedrängt auf ihren Plätzen.

Der Weihnachtsmann setzt sich vorn auf den Sitz, der wie ein Kutschbock ausschaut, reicht mir von oben herunter die Hand, sagt: »Danke dir«, nimmt die Zügel auf, stößt einen Laut aus, der ungefähr klingt wie das »Wüaa!«, das früher unsere Bauern ausgestoßen haben, um ihr Pferdefuhrwerk in Gang zu setzen.

Manch einer wird es mir nicht glauben. Doch ich selbst, der bis zu diesem Punkt fest davon überzeugt war, dass die Rentiere bloß haarige Kostüme sind, in denen sich jeweils zwei Personen verstecken – zwei Beine vorn, zwei Beine hinten –, seh' jetzt, dass ich mich getäuscht hab'.

Die Rentiere ziehen an. Und wie! Sie stemmen sich ins Geschirr, steigen drei, vier, fünf Meter hoch, als würde der Schlitten auf einer unsichtbaren Steigung hinaufgleiten und im Wald in der Dunkelheit verschwinden.

Weiter vorne, wo der Wald aufhört und die Wiese beginnt, die weiß und zugeschneit ist, kommt das schmucke Gespann erneut zum Vorschein. Es ist bereits weit über mir, sodass ich meinen Kopf in den Nacken legen muss.

Ich verfolge gebannt die rasante Fahrt um den Pruttinger Kirchturm; die Rentiere in vollem Trab. Der Weihnachtsmann hebt noch einmal die Hand. Vor lauter Starren vergesse ich, zurückzuwinken. Das himmlische Fuhrwerk verschwindet in Richtung Inn, wo es wohl eine Zeit lang dem Verlauf des Flusses folgen wird, der aus Richtung Innsbruck herkommt.

Nun ist es, als würde mir ein Stück meiner Lebenszeit fehlen. Eigentlich nichts Besonderes, wenn man schläft. Hab' ich wirklich geschlafen? Ich hör' ein Pochen. Es wird immer lauter; ich fahre hoch; ich sitze im Auto und ein Mann steht draußen vor meinem Baustellen-VW. Er klopft an das Seitenfenster und deutet mir an, dass ich die Scheibe runterlassen soll. »Was ist?«, frag ich etwas ärgerlich.

»Ham Sie hier geschlafen?«, antwortet er ebenfalls mit einer Frage, und blitzschnell fällt mir ein, dass es ihn nichts angeht, was ich hier mache. »Geschlafen, ich? Nein!«, sag ich und schüttle den Kopf. »Dort auf dem Hügel, rechts neben der Kirche, hat jemand ein Feuerwerk abgebrannt, das hab ich mir angeschaut«, lüge ich. Es geht ihn nichts an, was ich gerade erlebt hab'.

»Hier können Sie nicht stehen bleiben, mitten in der Nacht – und ohne Licht. Das ist viel zu gefährlich«, belehrt er mich und leuchtet mir mit seiner Taschenlampe voll ins Gesicht.

»Ist gut«, sag' ich, starte den Wagen, schalte das Licht an und kurz darauf bin ich auf dem Heimweg.

Meine Frau schläft schon. Und so hab' ich niemanden, dem ich mein unglaubliches Erlebnis erzählen könnte. Da leg ich mich auch sofort ins Bett und schlafe, weil mir niemand zuhört, enttäuscht ein.

Am nächsten Morgen quälen mich meine Kopfschmerzen wieder. Ich beschließe, nicht zur Arbeit zu gehen. Ich rufe bei Doktor Mösch an und mache es dringend.

»Wenn Sie gleich kommen«, sagt die Sprechstundenhilfe, »können wir Sie gerade noch dazwischenschieben.«

Doktor Mösch lässt meinen Blutdruck messen und macht all das Zeug, das Ärzte bei einer gründlichen Untersuchung eben so machen.

»Sie sind mager«, sagt er, »ich meine, unterernährt.« Er lässt meine Körpergröße messen, lässt mich auf seine Waage steigen und setzt ein bedenkliches Gesicht auf, während ich ihm eigentlich nur mein Erlebnis vom Vorabend erzählen möchte. Er macht mit seiner Untersuchung weiter, als würde ihn mein Gerede nicht interessieren. Nur für ein paar Augenblicke unterbricht er mich kurz und sieht mich skeptisch an. Schließlich sagt er: »Irgendwas genommen haben Sie nicht etwa?«

»Nein! Was hätt' ich Ihrer Meinung nach nehmen sollen?«, frag ich zurück.

»Ich mein, wegen der unerträglichen Kopfschmerzen«, sagt der Doktor.

Ich weiß nicht, was in mich gefahren ist, dass ich mich kaum noch an die Anna aus dem »Roten Stier« erinnern kann, und so sage ich: »Nein, eigentlich nicht.«

»Eigentlich? Was heißt das?«, fragt er scharf zurück. In diesem Moment fallen mir schlagartig die Tabletten ein, die ich von der Anna bekommen hab.

»Eigentlich heißt, dass ich doch eine Kleinigkeit genommen hab. Es war einfach nicht auszuhalten«, bringe ich noch wie eine Art Entschuldigung vor.

»Jetzt aber«, sagt Doktor Mösch. Und das klingt ziemlich ungeduldig. »Und? Haben Sie noch was von dem Zeug?«

Ich hole die zerdrückte Verpackung, in der noch die allerletzte Tablette steckt, aus der Hosentasche und reiche ihm die Schachtel.

»Das hat mir die Anna gegeben. Das ist der Rest.«

Er schaut nur kurz, was draufsteht.

»Oha«, macht er, »und diese Anna? Wer ist das?«

»Ach«, sage ich beiläufig, »die ist in der Küche im ›Roten Stier‹ – in Eidorf.«

»Da weiß ich Bescheid«, antwortet er. »Und diese Anna ist kräftig gebaut, nicht wahr?«

Ich kann bloß nicken, denn er hat recht.

»Die wiegt zwei Zentner, wahrscheinlich sogar mehr.«

Ich kann auch dazu nur nicken.

»Oh Mann!«, stöhnt er auf. »Nehmen Sie niemals irgendwas, das ich Ihnen nicht verschrieben hab'. Verstanden!«

Ich bin richtig durcheinandergeraten und will fragen: *Wieso? Die Tabletten haben mir doch eigentlich geholfen.* In dem Augenblick fällt mir ein, dass er das Wort »eigentlich« überhaupt nicht mag, und verzichte lieber auf eine Antwort. Ich nicke erneut.

»Und«, sagt der Doktor noch, »sollte ich mal nicht da sein, nehmen Sie nichts, bei dem der Name irgendwie nach Opiat oder Morphin klingt. Haben Sie auch das verstanden?«

Was soll ich machen, als ein weiteres Mal zu nicken?

Anschließend verschreibt er mir irgendetwas; den Namen habe ich längst wieder vergessen.

»Eine Tablette!«, sagt er und droht mir mit seinem Zeigefinger. »Wenn es unbedingt sein muss, nach zwei Stunden noch eine; mehr nicht. Halten Sie sich dran!«

Am Schluss schreibt er mich noch eine Woche krank. Das ist die Hauptsache, denn in Rosenheim läuft der Weihnachtsmarkt noch eine ganze Woche, und meine Frau und ich haben dort was nachzuholen.

Wir haben das Mittagessen heute extra ausfallen lassen und sind gleich an den Würstelstand vom Angerer – direkt vor der Marienapotheke – gegangen. Meine Frau hat für mich und für sich zwei Currywürste geholt. Ich hab' uns in der Zwischenzeit Plätze an einem der Tische freigehalten.

Als meine Frau an den Tisch zurückkehrte, bemerkte sie: »Wenn der Doktor meint, dass du zu mager bist, brauchen wir eine größere Portion.« Ich hab' diese Logik zwar nicht verstanden, sie aber trotzdem akzeptiert, weil ich am gestrigen Abend den Schweinsbraten nicht angerührt habe und inzwischen enorm hungrig bin.

Während wir gemütlich unsere Currywürste verzehren, sagt meine Frau: »Was schaust denn immer zu den Wolken hinauf? Hast Angst, es könnt zum Schneien anfangen?«

»Ach wo«, sag ich, »ein bisserl Schnee würd' es erst richtig gemütlich machen.«

Das ist jedoch nicht die volle Wahrheit. Ich hab' wegen was anderem hinaufgeschaut: Es könnte ja sein, dass dort ganz weit oben ein Schlitten entlangfährt, in dem einer sitzt, der einen roten Mantel mit Kapuze anhat und mir wie einem alten Bekannten zuwinkt.

Conchetta im Schnee

Rüdiger Lehmann

An einem brennend heißen Sommertag trat Conchetta ihre Reise an. Paco, der Sohn des Hausverwalters, hatte sich darum gekümmert, dass alle notwendigen Utensilien parat standen und dass es auch sonst an nichts fehlte. Am Morgen war er gemeinsam mit seiner Mutter zur Fluggesellschaft gefahren, wo er den Transportkäfig abholte, den er mit feinem Sand ausstreute, um dann ausreichend Wasser und Körnerfutter in die dafür vorgesehenen Behälter zu füllen. Lisa, die sechsjährige Tochter des Konsuls, hatte peinlich darauf bestanden, dass Conchetta auf dem langen Flug nach Deutschland wirklich alles hatte, was sie benötigte. So war sie jetzt damit beschäftigt, sämtliche Punkte zu kontrollieren, und ihr kleines Gesicht mit den wachen blauen Augen machte einen sehr zufriedenen Eindruck, als sie die letzte Position auf der Liste abhakte.

»Gut gemacht, Paco«, sagte sie und legte ihm die Hand auf den Arm, »ich werde dich vermissen.« Lisa sprach Spanisch fast so gut wie ihre Muttersprache. Paco, der zwei Jahre älter war, schaute verlegen zur Seite.

»Ich dich auch Lisa«, antwortete er betrübt und während er den prächtig bunten Papagei ansah, wurde seine Stimme noch etwas trauriger. »Und du, Conchetta, wirst mir ganz besonders fehlen.«

Obwohl Conchetta erst seit wenigen Wochen im Haus war, hatte sich schon jeder an sie gewöhnt. Keiner der Konsulatsmitarbeiter, einschließlich des Konsuls selbst, konnte durch den Garten gehen, ohne nicht mindestens »Hey Conchetta« zu rufen. Und da die einzelnen Gebäude nur durch den Garten erreichbar waren, passierte dies des Öfteren am Tag. Conchetta selbst rutschte dann auf ihrer Stange hin und her, nickte mit dem Kopf und beantwortete jeden Gruß artig mit einem freundlichen Papageienschrei. Sie war ein Prachtexemplar. Oberhalb ihrer langen roten Schwanzfedern lagen dunkelblaue Flügelspitzen, die in ein helles Gelb übergingen und am oberen Schulterrand leuchtend rot wurden, so wie der ganze Körper Conchettas. Ihr Gesicht war um die Augen herum weiß, und ihr gelber Schnabel gab ihrem Kopf etwas ganz und gar Majestätisches.

Es war Lisas größter Wunsch gewesen, noch vor ihrer Abreise diesen schönen Vogel zu bekommen. Sie wollte etwas, das sie an ihre Heimat erinnert, hatte sie ihren Eltern gesagt, und was wäre da schöner, als ein prächtiger Papagei? Obwohl ihre Eltern aus Bayern stammten und während der vergangenen Jahre auch mit ihr dorthin gereist waren, empfand sie Honduras, das schöne Land in Mittelamerika, als ihr eigentliches Zuhause.

Es war geradezu paradiesisch, in diesem groß angelegten Konsulatsbereich zu leben. Ihr Wohnhaus befand sich im hinteren Teil eines weitläufigen Parks mit einer langen Zufahrt. Und die gepflegten Rasenflächen waren durchsetzt mit Palmen und prächtig blühenden Tropenbüschen. Conchetta saß tagsüber auf ihrer Stange an der Wegkreuzung zwischen ihrem Bungalow, dem Konsulatsgebäude und zwei kleineren Verwaltungspavillons. Abends nahm Lisa sie mit ins Haus, wo sie in der großen Diele zwischen den hochrankenden Gummibäumen und dem Springbrunnen ihren Platz hatte.

Lisa war davon überzeugt, dass Conchetta von adligem Geblüt war. Sie musste unter allen Papageien dieser Welt so etwas wie eine Prinzessin sein, eine arabische höchstwahrscheinlich, denn Lisa spielte schon immer mit Vorliebe arabische Prinzessin. Dabei war ihr nie so richtig klar, was »arabisch« eigentlich bedeutete, aber sie nahm an, dass es ein Begriff für »besonders schön« sein musste. Übermorgen nun würden sie für immer ins kalte Deutschland zurückkehren. Ihr Vater hatte einen wichtigen Posten in München bekommen,und während der bevorstehenden Weihnachtstage würden sie im Haus ihrer Großeltern auf der Fraueninsel im Chiemsee wohnen.

»Dürfen dort keine Männer hin?«, fragte Lisa, was ihre Mutter lächelnd mit »Doch natürlich«, beantwortete. Dort, auf der Fraueninsel, erklärte sie ihr, würde jetzt Winter sein, und Lisa, die Schnee bisher nur aus dem Fernsehen kannte, musste zugeben, dass sie schon sehr gespannt darauf war. Dennoch galten ihre Gedanken hauptsächlich einem: dem triumphalen Einzug von Prinzessin Conchetta. Am liebsten so, wie sie es einmal im Film, bei Königin Cleopatra, gesehen hatte.

Sie ging davon aus, dass die Menschen in Deutschland noch nie von einem Wesen namens Papagei gehört hatten und deshalb staunend und jubelnd dastehen würden, wenn sie mit Conchetta langsam die Straße entlangginge. Conchetta selbst hatte eher gelangweilt dreingeschaut, als Lisa ihr von dem fernen Land Bayern erzählte, in dem sie bald leben würden. Davon, dass dort meterhoch ein weißes Pulver mit Namen Schnee liegen würde, in dem man für immer versinke, wenn man sich einmal zu weit vorwagen würde. Sie erklärte ihr, dass die Menschen dort große Hüte auf dem Kopf hätten, Hosen aus Leder trügen und den ganzen Tag Jodellieder singen würden. Und dass der laue Wind, der hier in Honduras abends über die Palmen wehte, dort ein wilder Sturm sei, der Menschen, ja sogar Häuser innerhalb weniger Sekunden für immer verschlinge.

Am Abreisetag kostete es Lisas Eltern viel Zusprache, bis sie endlich aufbrechen konnten. Dann hatte die Kleine so lange weinerlich aus dem Rückfenster des Busses gewinkt, bis Paco nur noch eine Stecknadel war. Und selbst, als sie ihn schon längst nicht mehr sehen konnte, schaute sie noch durch einen Tränenvorhang weiter hinaus. Da Conchetta schon einen Tag früher zum Flughafen gebracht worden war, hatte Lisa noch erlebt, wie viele der im Konsulat beschäftigten Leute ratlos im Garten auf die leere Stange starrten.

»Sie fehlt mir schon heute«, hieß es da. »Sie war etwas wirklich Besonderes, mit einem Federkleid, wie es im Paradies kein schöneres gibt.«

Lisa hatte allen versprochen, Bilder zu schicken und sie über Conchetta auf dem Laufenden zu halten.

Obwohl sie erst sechs Jahre alt war, konnte sie schon lesen und schreiben, was in erster Linie ihrem Privatlehrer Herrn Schönborn zu verdanken war. Aber auch ihrem »äußerst klugen Köpfchen«, wie ihr Vater es auszudrücken pflegte. Paco versprach ebenfalls zu schreiben, obwohl er kaum schreiben konnte, weshalb sein Vater versprechen musste, ihm dabei zu helfen.

Das Erste, was Lisa in Deutschland empfand, war tiefe Enttäuschung. Schon als sie den Münchner Flughafen verließen, waren alle ihre Träume zerstoben. Man schrieb den 22. Dezember, und nirgendwo lag auch nur ein Fizzelchen Schnee. Stattdessen schoben sich Menschenmassen gegenseitig hin und her, Autoschlangen fuhren endlos vorbei, und über ihnen lag ein erdrückend grauer Himmel. Feuchte Luft kroch in ihre Jacke, und sie musste an das blaue Meer, die bunten Blumen und den weichen Seewind denken, den sie immer so sehr genoss, wenn sie mit ihrer Mutter im offenen Auto den Oceandrive hinunterfuhr. Das Schlimmste aber war, dass niemand von Conchetta Notiz nahm, die vorne auf dem Kofferwagen in ihrem Käfig saß und herausschaute, als wenn sie ebenfalls zutiefst erschrocken wäre. ›Wie blöd hier alle sind‹, dachte sie. Keiner schien Zeit zu haben, und alle schien das auch noch mächtig zu ärgern.

»Dabei ist es doch so einfach, ein bisschen langsamer zu gehen, dabei zu lächeln und Gott näher zu sein«, hatte Senior Cortez, der Gärtner, ihr einmal erklärt, und heute verstand sie, was er damit meinte.

Die Fahrt zu ihren Großeltern dauerte länger, als sie erwartet hatte, und sie wurde etwas für den ersten

Schreck entschädigt. Sie sah Dörfer mit Kirchtürmen wie Zwiebeln an sich vorüberziehen, während am Himmelsrand Berge mit weißen Hüten wie aus Zuckerguss emporragten.

»Das sind die Alpen«, sagte ihre Mutter. »Obendrauf liegt schon Schnee, und dort sind wir bald zu Hause.«

In Rosenheim wollten sie noch ein bisschen einkaufen, bevor sie zu Oma und Opa weiterfuhren.

»Freust du dich nicht wenigstens ein bisschen, Lisa?«, fragte ihre Mutter, doch Lisa zuckte mit den Schultern und sagte nur missmutig: »Weiß nicht«. Obwohl sie ein wenig im Flugzeug geschlafen hatten, schienen nach dem langen Flug alle sehr müde zu sein. Von Rosenheim aus fuhren sie an den Chiemsee, den Lisa »riesig« fand, und setzten mit einem Schiff hinüber zu der kleinen Insel mit dem weißen Kirchturm.

»Haben die keinen Sommer auf der Fraueninsel?«, fragte Lisa.

»Doch, natürlich«, antwortete ihr Vater, während sie über die Reling hinab ins schäumende Wasser schauten. »Und der ist mindestens genauso schön wie der Winter, wenn er sich erst mal richtig zeigt.« Eigentlich sieht hier doch auch jetzt schon alles recht schön aus, dachte sie, und als Großvater und Großmutter sie vor ihrem Haus auf der Fraueninsel erwarteten, wurde ihre Laune zunehmend besser. Aber es sollte etwas anderes sein, das ihre Stimmung nochmals ansteigen ließ. Als alle sich umarmten, kam etwas hinter dem Haus hervorgesprungen, das durch sein weißes Fell wie ein lebendiges zappelndes Wollknäuel aussah. Es hatte braune Knopfaugen, eine kleine rote Zunge, sprang an Lisa herauf und wälzte sich vor ihr auf dem Boden, um dann sofort im Kreis um sie herum zu toben.

»Das ist Axel«, sagte ihre Großmutter. »Ein Welpe, und er gehört ab heute dir.«

So schnell wie Lisa bei der Ankunft in München enttäuscht war, so schnell war sie jetzt in absoluter Hochstimmung. Ein Hund nur für sie? Das würde etwas geben, Conchetta, Axel und Lisa. Aber, und für einen Moment stockte ihre Freude, würden sich die beiden überhaupt verstehen? Es sah nicht danach aus, denn als der Käfig mit dem Papagei ausgeladen wurde, bekam der Hund einen dermaßen keuchenden Bellanfall, dass es Lisa angst und bang wurde. Und auch Conchetta schrie und flatterte so heftig, dass flaumige Federn um sie herumflogen und alle fürchteten, sie würde sich im Käfig die Flügel brechen. So wurde zunächst einmal beschlossen, die beiden Kampfhähne in sicherer Entfernung voneinander getrennt zu halten.

Pünktlich zum Heiligen Abend kam der Schnee. Es hatte in der Nacht zum 24. Dezember begonnen zu schneien und den ganzen Tag nicht mehr aufgehört. Die Geschichten von den meterhohen weißen Massen, die Lisa sich ausgedacht hatte, schienen tatsächlich zu stimmen. Erst am Nachmittag, kurz bevor Großvater die Tannenbaumkerzen entzündete, hörte der Schneefall auf. Eingemummt in ihren dicken Anorak war Lisa mit ihrem Vater hinaus in den Garten gegangen, und beide mussten fürchterlich über Axel lachen, der sich wie wild vor ihren Füßen wälzte. Auch

Lisa nahm immer wieder das faszinierende weiße Etwas in ihre Hände, formte Bälle damit, oder ließ es einfach durch ihre Finger rieseln. Und als Axel sich gerade wieder einmal in den tiefen Schnee gewühlt hatte, hörten sie von drinnen aufgeregte Rufe.

»Um Gottes willen, haltet ihn fest«, rief die Großmutter, und ehe Lisa richtig überlegen konnte, was geschah, sah sie es auch schon. Conchetta war aus ihrem Käfig geschlüpft und kreiste wie wild um den Christbaum. Dabei flogen Tannennadeln in alle Richtungen, Kugeln und Kerzen fielen zu Boden, und alle schauten hilflos zu. Sie machte eine kurze Pause auf der Hängelampe, flog von da aus weiter in die Vorhänge, an denen sie sich hin- und herschaukelnd festkrallte, um dann durch die offene Tür nach draußen zu fliegen. Hinaus in den tief verschneiten Garten, wo Conchetta, bevor irgendjemand auch nur das Geringste tun konnte, in der großen Schneefläche vor der Terrasse versank. Lisa stockte der Atem.

»Conchetta«, schrie sie aus vollem Hals, und als sie loslaufen wollte, rutschte sie aus und fiel der Länge nach hin. Nun waren auch ihre Großeltern und ihre Mutter herausgekommen, um zusammen mit ihrem Vater zu der Stelle zu laufen, an der Conchetta versunken war. Bis zu den Knien im Schnee stehend, wühlten sie um sich herum in der Hoffnung, das bunte Federkleid des Papageis endlich zu erblicken.

»Holt sie da raus!«, rief Lisa, die nun auch wieder auf den Beinen war, »sie ertrinkt.«

Als sie sah, dass offensichtlich niemand ihre geliebte Conchetta fand, weinte sie bitterlich. Es war ein verzweifeltes Suchen, und obwohl sie fast den ganzen

Garten mit Schneeschaufeln umgruben, fanden sie Conchetta selbst nach mehr als einer halben Stunde nicht mehr. Da es mittlerweile dunkel geworden war, gingen sie schließlich nach drinnen, wo keiner auch nur ein Wort sagte. Was für ein Heiliger Abend, was für ein trauriges Weihnachtsfest! Selbst Axel lag mucksmäuschenstill in der Ecke. Auch daran, sich an den festlich gedeckten Tisch zu setzen, an dem sie die Weihnachtsgans essen wollten, dachte nun keiner mehr.

Als Erster fand Lisas Vater die Sprache wieder.

»Lisa«, sagte er, »sie kann nicht einfach verschwunden sein. Sie sitzt bestimmt oben in einem der Bäume.«

Doch Lisa, die noch immer Tränen der Verzweiflung vergoss, schüttelte nur den Kopf.

»Man hätte sie doch hochfliegen sehen müssen«, sagte sie, und jedem war anzusehen, dass sie ihr zustimmten.

»Ich muss nach dem Essen schauen«, sagte ihre Großmutter beim Aufstehen und vermied es, irgendjemanden dabei anzusehen.

»Wir können doch jetzt nicht einfach Weihnachten feiern«, schniefte Lisa, und gerade als der nächste Weinkrampf sich anbahnte, kam ihre Großmutter wieder herein. In der Hand hielt sie den Käfig, in dem Conchetta saß und ihren Kopf hin und her wiegte. Dabei krächzte sie so laut, dass alle sie für einen kurzen Moment bewegungslos anschauten, bevor sie lachend und gestikulierend durcheinanderliefen, um dann einen kleinen Freudentanz um die Großmutter und den Käfig zu vollführen. Der Heilige Abend war im letzten Moment gerettet worden. Alle lagen sich in den Armen, und nachdem der Christbaum wieder hergerichtet war, gab es eine wunderschöne Bescherung mit einem tollen Essen. Obwohl der Käfig mit Conchetta neben dem Tisch stand, blieb selbst der kleine Axel äußerst friedlich. Doch für den Rest des Abends beschäftigte die Familie nur eine Frage: Wo war Conchetta gewesen?

Einige Tage nach Weihnachten erhielt Lisa einen Brief von Paco, den dieser mithilfe seines Vaters – natürlich auf Spanisch – geschrieben hatte. Lisas Vater übersetzte und las vor:

Liebe Lisa,

hier sind seit eurer Abreise einige seltsame Dinge geschehen. Nicht nur, dass ich dich so sehr vermisse, dass ich überall an jeder Ecke darauf warte, dir zu begegnen. Auch mit Conchetta hat es viel Aufregung gegeben. Als ich am Weihnachtsmorgen in den Park ging, lag sie in den ersten Sonnenstrahlen vor mir wie ein wunderschönes Gemälde. Im Hintergrund Euer Wohnhaus, mit den herrlichen Blumen und dem Weg zum Konsulatsgebäude, der vorbei führt an der Stange, auf der Conchetta immer saß. Alles leuchtete in den tollsten, ja fast unwirklichen Farben, bis auf eine Stelle direkt über der Stange. Dort war, genau in Form des Umrisses von Conchetta, ein weißer Fleck. Von welcher Seite ich ihn auch betrachtete, von oben, unten, links oder rechts, er blieb da. Einfach eine weiße Stelle in der Landschaft, die aussah, als hätte ein Maler sie vergessen.

Ich zeigte es meinem Vater, den Mitarbeitern des Konsulats und sogar Senior Perreira, dem Wachbeamten. Aber alle waren ratlos und verwirrt. Man konnte durch dieses weiße Loch hindurchgreifen und seine Hand auf der anderen Seite wieder herauskommen sehen. Es hatte etwas von Zauberei, und niemand konnte es erklären, da keiner jemals so etwas gesehen hatte. Gemeinsam mit dem neuen Konsul beschloss man, es nach den Weihnachtsfeiertagen der Polizei zu zeigen. Doch am nächsten Morgen sollte ein wirkliches Wunder geschehen. Alle die durch den Park gingen, sahen anstelle des weißen Flecks auf einmal unsere Conchetta dort sitzen.

Zunächst rieben wir uns die Augen und glaubten an eine Täuschung. Aber sie saß dort wahrhaftig, schwenkte ihren Kopf von einer zur anderen Seite und krächzte so schrill, dass es in unseren Ohren klingelte. Alle liefen aufgeregt um sie herum. Und mit dem Gedanken, dass die stolze Papageiendame endlich wieder dort ist, wo sie eigentlich hingehört, gingen wir frohen Herzens nach Hause, um dieses ungewöhnliche Weihnachtsfest zu feiern. Auch wenn wir uns die ganze Sache nicht annähernd erklären konnten.

Am nächsten Morgen war Conchetta jedoch zu unser aller Bedauern wieder weg, und mit ihr der weiße Fleck. Und es kam mir vor, dass auch der gesamte Garten nicht mehr in den gleichen Farben erstrahlte, wie am Tag zuvor.

Es grüßt dich in Liebe
Dein Paco

Nachdem Lisa den Brief mit Tränen in den Augen wieder zusammengefaltet hatte, wusste sie, was zu tun war. Conchetta gehörte zu den bunten Blumen, zu den Palmen und dem weichen Wind, der vom Meer herwehte. Zu den Menschen, die immer ein Lächeln im Gesicht trugen, und zur vom Himmel fast senkrecht herabstrahlenden Sonne. Dort würden ihre bunten Federn im richtigen Licht schillern, dort würde sie sich wohlfühlen. Für hier und den Schnee hatte sie jetzt ja ihren Axel. Und schon am übernächsten Tag flog Conchetta mit dem Flugzeug zurück in ihre Heimat, wo Paco sie am Flughafen bereits sehnsüchtig erwartete.

Der Imitator

Peter Brand

Es geschah am 17. Januar in Rosenheim. Schneereste tauten auf den Wegen. Eine vom Winter verschnupfte Sonne versuchte beharrlich, den taubengrauen Schleier am Himmel wegzuschmelzen. Am Eingang zum Amtsgericht in der Bismarckstraße warteten Hunderte Rosenheimer auf die nächste öffentliche Verhandlung. Seit Anfang Dezember war der Fall in den Medien diskutiert worden. Die Geheimniskrämerei um den Täter hatte unglaubliche Fantasieblüten wachsen lassen. Das Interesse der Stadt- und Landbevölkerung überforderte das Platzangebot im großen Sitzungssaal. Ein Großteil der Besucher wartete beharrlich draußen in der Kälte auf die Bekanntgabe eines Urteils.

Ein Raunen ging durch die Reihen, während der Angeklagte von zwei Uniformierten hereingeführt wurde. In Anbetracht seines hohen Alters hatte man auf Handschellen verzichtet. Trotz der grauen Gefangenenkluft wirkte er keineswegs unscheinbar. Die beiden Polizeibeamten an seiner Seite überragte er um mehr als einen Kopf, und sein imposanter, weißer Bart schimmerte im künstlichen Licht wie Seide. Mit wachem Blick interessierte sich der Beschuldigte zunächst für das tuschelnde Publikum. Den Leuten auf der Zeugenbank lächelte er zu. Auch dem hohen Gericht, Richterin Wohlberg und Staatsanwalt Sträng, schenkte er ein Lächeln, das beide mit Erstaunen zur Kenntnis nahmen. Er durfte sich setzen.

Die Richterin stellte die Anwesenheit aller erforderlichen Personen fest. Anschließend mussten sich die Zeugen, ein Mann, eine Frau und drei Kinder, vor den Saal begeben. Der ermittelnde Hauptkommissar Neugir und der psychologische Gutachter Seelfind durften bleiben und nahmen ihre Plätze hinter dem Angeklagten ein.

»Der Fall mit dem Aktenzeichen N. 06/12«, begann Richterin Wohlberg in sachlichem Ton, »ist nun zur Verhandlung eröffnet. Gegenstand der Anklage ist ein Einbruch mit Sachbeschädigung. Herr Angeklagter, haben Sie vorab zu diesem Vorwurf und zu Ihrer Verteidigung etwas zu sagen?«

Stumm schüttelte der Angesprochene den Kopf.

»Nun«, fuhr die Richterin fort, »da Sie auf den Beistand eines Rechtsanwalts verzichten, sollten Sie schon ein paar Worte zu Ihrer Verteidigung sagen.«

Der Beschuldigte räusperte sich.

»Was wirft man mir denn genau vor?«, fragte er mit sonorer Stimme.

Die Richterin schaute zum Staatsanwalt.

»Dr. Sträng. Bitte.«

»Die Anklageschrift«, sagte der Staatsanwalt und stand von seinem Stuhl auf, »die Sie bekommen haben, ist eindeutig. Sie sind in das Haus der Familie Hansel gewaltsam eingebrochen, mit dem Ziel, Gegenstände und Wertsachen in Ihren Besitz zu bringen.«

Der alte Mann lächelte und schüttelte den Kopf.
»Sie sind anderer Meinung?«
»Oh, oh ja«, brummte der Bärtige.
Richterin Wohlberg verlor die Geduld: »Dann erzählen Sie uns bitte, wie das aus Ihrer Sicht war.«
Der Angeklagte erhob sich. »Also gut«, gab er sich gefügig, »aber es glaubt mir doch keiner.«
»Wart's ab!«, rief jemand der Zuschauer.
Die Richterin klopfte mit einem Hämmerchen auf den Richtertisch. »Ruhe! Angeklagter, lassen Sie uns wissen, was wir nicht glauben werden.«

»In jener kalten Nacht, ich war kurz zuvor aufgebrochen, fand ich unter einigen Gegenständen, die ich in meinem Reisesack dabeihatte, ein neuartiges Gerät. Ja, ich weiß, dass man es Tablet-Computer nennt, und es ist mir eigentlich untersagt, diese Dinge zu benutzen. Ich musste zufällig auf eine Taste gekommen sein, denn plötzlich begann die Maschine, eine Geschichte zu erzählen. Nur allmählich begriff ich, was da vor sich ging. Ein Spielfilm war es, der einen Mann in rotem Mantel zeigte. Er trug eine rote Zipfelmütze, hatte apfelrote Backen und einen Bart, der meinem nicht ganz unähnlich war. Rentiere zogen den Schlitten, in dem er saß und ständig ›Hohoho‹ hinausposaunte. Witzig fand ich ja das erste Rentier, das eine auffällig rote Nase aufwies, die wie ein Feuermelder blinkte.

Interessant wurde es, als das ganze Gespann in einem Haus verschwand – durch einen Kamin! Totaler Blödsinn, dachte ich. Aber es kam wieder unversehrt zum Vorschein. Fröhlich und ohne Schrammen rief der Schlittenlenker weiterhin ›Hohoho‹.

Kaum, dass er das dritte Mal gerufen hatte, verschwand er wieder in einem Kamin. Am Ende stellte sich heraus, dass er Geschenke für Kinder in den Häusern zurückließ. Also dachte ich, nachdem das Tablet wieder schwarz geworden war, das wäre doch auch etwas für mich …«

»Moment«, unterbrach der Staatsanwalt, »Sie wissen schon, dass Sie da vom Weihnachtsmann reden?«

»Von wem?«, staunte der Angeklagte.

»Vom Weihnachtsmann, der Geschenke bringt.«

»Nie gehört!«, gab sich der stattliche Alte unwissend. »Aber die Idee, mit einem von Rehen gezogenen Schlitten durch Kamine in Häuser zu kommen, um die Kinder zu beschenken, fand ich reizend. Ich meine, Rentiere sind hier eher selten, also täten es vielleicht Rehe oder kleine Hirsche. Am Ende des Tages ist mein Job nämlich brutal anstrengend. Jetzt gestaltete sich die Sache schwieriger als gedacht. Ich befand mich in Rosenheim, und da ist es anders als zum Beispiel in Tuntenhausen, Edling oder gar in London.«

Wieder ging ein Raunen durch den Saal. Jemand rief: »Hab i mir denkt!«

Die Richterin mahnte zur Ruhe.

»Weiter!«, forderte sie den Angeklagten auf.

»Ich hab mir trotzdem einen Schlitten gebaut, ein paar Rehe davor gespannt und bin los. Ja, was glauben Sie, was dann los war! Gerade mal jedes zehnte Haus hat einen Feuerkamin, wenn es hochkommt. Die vielen Gas- und Ölheizungen machten meinen Plan zunichte. Kein Kamin, kein Feuer, nix, nada. Ganz zu schweigen von diesen vielen Fernwärmeheizungen in

Rosenheim – und die sollen ja immer mehr werden, hab ich gehört.«

Eine kleine, adrette Frau im Dirndl aus den hinteren Reihen nahm die Gelegenheit wahr, sich zu beklagen: »Jawoll! In jeder Straß' haben s' letztes Jahr eine Baustell' g'habt – wegen dem, dass d'nimmer durchkommen bist!«

Die Richterin hämmerte unmissverständlich.

»Ruhe! Das tut nichts zur Sache!«

»Doch«, bestätigte der Alte im grauen Anzug, »was sollte ich denn jetzt machen? Vor dem Haus der Familie Hansel, die ich zuerst besuchen wollte, hielt ich den Schlitten an. Drei liebe Kinder würden da wohnen, und eines davon, das älteste, sollte dieses besagte Tablet geschenkt bekommen. Für meine Begriffe war das ein wenig übertrieben. Aber es ging mich ja nichts an. Mit ein paar Nüssen, Obst und Süßigkeiten lockt man keine Kinder mehr hinter dem Ofen hervor – sofern, wie erwähnt, überhaupt eines da ist. Und was sah ich bei Hansels, als ich hochblickte? Richtig, einen Kamin! Einen einwandfreien, großen Feuerkamin, ein Rauchfang aus dem Bilderbuch. So aufgeregt war ich schon lange nicht mehr, und ich hatte wirklich sehr viel Aufregung in all den Jahren.«

»Ja, ja«, bremste Dr. Sträng, »das glauben wir Ihnen gern. Das geht uns allen so. Jetzt kommen Sie zur Sache, nämlich, warum wegen Ihnen damals die Polizei gerufen wurde.«

Die Schultern des Beklagten schnellten in die Höhe. »Fragen Sie das die Familie, oder besser den Herrn Kommissar.«

»Hauptkommissar!«, korrigierte der Ermittler höchst selbst.

Richterin Wohlberg erteilte ihm das Wort.

»Bitte sehr, Herr Hauptkommissar Neugir.«

Der schlanke Herr knöpfte sein Sakko zu und erhob sich. »Wir wurden in dieser Nacht verständigt, jemand mache sich an Hausnummer 24 am Wichtelweg zu schaffen, das ist das Haus der Hansels. Eine Streife befand sich in der Nähe und war schnell vor Ort. Familie Hansel wusste noch nichts von dem Einbruch. Die fünf Personen schliefen. Der Anruf war von aufmerksamen Nachbarn getätigt worden. Unsere Beamten erwischten den Einbrecher, nachdem er rabenschwarz getarnt dem Kamin entstieg, bei sich einen Jutesack mit Wertsachen. Ein Tablet-Computer, ein Schmuck-Halsband sowie zwei Eintrittskarten für eine Musical-Aufführung samt Anreise und Übernachtung. Offensichtlich hatte der Einbrecher Hunger, denn verschiedene Lebensmittel wie Nüsse und Schokoladenware befanden sich ebenfalls beim Diebesgut. Meine Leute konnten den Mann schnell und sicher festnehmen. Seine Personalien sind bis heute nicht vollständig.«

Während der Hauptkommissar redete, wackelte der Bärtige mit dem Kopf.

»Sie widersprechen dem Herrn Hauptkommissar?«, stichelte der Staatsanwalt.

»Jau.«

»Na gut. Die Zeugen Hansel, bitte.«

Die Familie wurde hereingebeten. Der Vater, ein untersetzter Mittvierziger in legerer Jeans und mit Halbglatze, betrat die Zeugenbank, danach die Mutter, eine ansehnliche Dame mit lockigem, blondem Haar und im kurzen Mantel. Ihre ebenfalls semmelblonden Kinder, ein Junge, zwölf, ein zehnjähriges Mädchen und ein weiterer Junge mit sechs Jahren nahmen schüchtern neben ihren Eltern Platz.

Staatsanwalt Sträng begann mit der Befragung: »Herr und Frau Hansel, wie haben Sie den Einbruch bemerkt?«

»Wir gar nicht«, berichtigte Frau Hansel glasklar, »sondern Raffael, unser Jüngster.«

Schlagartig sprang der psychologische Gutachter ein: »Die Kinder dürfen ohne Einwilligung nur im Beisein mindestens eines Erziehungsberechtigten befragt werden. Außerdem ist ein Psychologe hinzuzuziehen.«

Richterin Wohlberg lächelte milde.

»Dr. Seelfind, die Eltern und Sie als Psychologe sind ja hier. Alles hat also seine Ordnung.«

Sie wandte sich der Familie zu. »Bitte, berichten Sie uns Ihre Erlebnisse.«

»Wie gesagt, Raffael musste aufs Klo«, erinnerte sich Frau Maria Hansel, »und er kam zu uns ins Schlafzimmer, weil er ein Poltern gehört hatte.«

»Meine Stiefel!«, mischte sich der Angeklagte mit erhobenem Zeigefinger ein.

Die Richterin belehrte ihn, er hätte nun Sendepause.

Frau Hansel fuhr fort: »Jedenfalls machten mein Mann Josef und ich das Licht an, und wir bemerkten, wie sich im Wohnzimmer etwas bewegte. Es war aber nichts Lebendiges, sondern Ruß, der aus dem offenen Kamin quoll. Ein Tier, war unser erster Gedanke. Manchmal finden kleine Nager oder Vögelchen den

Weg durch den Kamin, und man kann froh sein, wenn dann kein Feuer an ist. Noch einmal polterte es gewaltig, dann plumpsten zwei Stiefel in die Asche – große, schwarze Stiefel. Da sahen wir schon das Blaulicht auf der Straße. Wir weckten unsere beiden anderen Kinder und sind raus auf die Straße, wo ein Polizist seinem Kollegen zuschaute, der auf unserem Dach jemanden festhielt. Weiß der Kuckuck, wie die da hochkamen.«

»Polizisten sind sehr sportlich«, meldete sich der Hauptkommissar.

»Und Sie?«, fragte die Richterin den mutmaßlichen Langfinger. »Wie kamen Sie aufs Dach? Sportlich sehen Sie ja nicht unbedingt aus in Ihrem Alter.«

Der Angeklagte hob die buschigen Brauen und schnaufte tief durch.

»Hallo, hören Sie eigentlich zu, ehrenwerte Richterin? Mit Schlitten? Rehe? Hohoho?«

»Meine Leute haben keinen Schlitten gesehen«, wandte Hauptkommissar Neugir ein, »auch keine Rehe. Blödsinn.«

»Weil Sie sie nicht sehen wollten!«, zeigte sich der bärtige Alte nachsichtig. »Aber die hell leuchtenden Figuren im Garten haben die Herren Polizisten schon bemerkt?«

Herr Hansel hob den Zeigefinger, um sich wie in der Schule zu melden. »Das ist unsere Advents-Deko. Alles mit LED-Licht und energiesparend. Drei Rehe, ein Schlitten und ein Tannenbaum in bunt.«

»Und das rote Männchen, das so tut, als würde es an der Dachrinne entlangklettern?«, erkundigte sich der Angeklagte.

Der kleine Raffael prustete los: »Das ist doch eine Weihnachtsmannfigur!«

Belustigt drehte der Alte dem jungen Mann sein Gesicht zu und zwinkerte. Er wusste ja aus dem Film, dass das nur ein Hirngespinst der Leute war, und nun in der Realität, dass das mit dem Schlitten und dem Kamin niemals funktioniert. Die wollten ihn veräppeln.

Frau Hansel tippte Raffael an und legte den Finger an die Lippen. »Sch-scht«, machte sie. Zur Richterin sagte sie entschuldigend, der Junge habe keine Angst gehabt. »Im Übrigen haben wir keine Anzeige erstattet. Das war die Polizei von sich aus.«

Der Staatsanwalt räusperte sich. Die Verhandlung nahm einen Verlauf, der ihm nicht behagte. »Wir sind dabei, Recht zu finden und zu sprechen. Haben Sie die Gegenstände aus der Beute zurückerhalten?«

»Was heißt zurück?«, staunte Frau Hansel. »Fragen Sie mal Ihren Delinquenten, was Sie damit meinen.«

»Angeklagter«, erhob Staatsanwalt Sträng die Stimme, »äußern Sie sich!«

»Nun«, überlegte der alte Mann, »es war doch klar, dass ich ohne meine Stiefel nicht weiterkonnte. Die landeten ja in der Kaminasche der Hansels. Auf Strumpfsocken und schwarz vor Ruß hatte die Polizei ein leichtes Spiel mit mir. Ich sage Ihnen, in Zukunft mache ich meinen Job wieder auf altbewährte Weise. Nicht wie dieser sogenannte Weihnachtsmann. Man muss ja nicht alles nachmachen, was andere vielleicht können. Und Familie Hansel hat die Geschenke doch erhalten?«

»Ja«, brummelte Josef Hansel grantig, »aus den Händen der Polizei. Na, ich danke schön.« Er schnaubte und verschränkte die Arme.

»Sehen Sie«, meldete sich der Angeklagte zurück, »es ist nämlich so, dass ich die Sachen bringen wollte, nicht mitnehmen. Das Tablet für den Großen, die Halskette für die Frau des Hauses. Die Kinder überraschten ihre Eltern mit den Musical-Karten, freilich mit Unterstützung ihrer Großeltern, wenn ich das verraten darf. Aber bringen tut's immer noch der Nikolaus, und zwar am 6. Dezember, wenn's recht ist!«

Richterin Wohlberg stand der Mund offen.

»Wollen Sie damit sagen …?«

»Genau, ich bin der Nikolaus!«

Das Publikum johlte.

Vergeblich versuchte Richterin Wohlberg, sich Gehör zu verschaffen. Nach zwölf Schlägen brach ihr Hämmerchen.

Nikolaus drehte sich zum Publikum und hob und senkte dreimal beschwichtigend seine Arme. Sofort kehrte Ruhe ein. Alle setzten sich wieder.

Verzweifelt fuhr sich die Richterin über ihre korrekt gelegte Frisur, seufzte tief und warf das nutzlose Hämmerchen in den Papierkorb.

»Wir sollten zu einem Urteil kommen«, richtete sie sich an Staatsanwalt Sträng.

Der nickte ergeben. Beide begaben sich zur Beratung in die hinteren Räume des Sitzungssaals.

Nur fünf Minuten später kamen sie zurück und staunten, was sich inzwischen getan hatte. Trotz der Bewachung durch die Polizisten hatte es Nikolaus geschafft, seine Anstaltskleidung mit einem goldenen Mantel zu tauschen. Mit Bischofsmütze und -stab entzückte er die Zuschauer. Sie überschütteten ihn dafür mit Standing Ovations.

»Angeklagter«, begann die Richterin, »meine Damen und Herren Zeugen, liebe Kinder, im Namen des Volkes ergeht folgendes Urteil: Herr Niko Laus wird freigesprochen ...«
Wieder jauchzte das Publikum ungebührlich laut.
»... mit folgender Auflage und zur Bewährung«, konnte die Richterin noch anfügen, nachdem sie wieder halbwegs zu vernehmen war.
Nikolaus hob seine Hand. »Ich kann mir die Auflage denken«, warf er ein, »und ich schwöre: Nie wieder imitiere ich den Weihnachtsmann – falls es den überhaupt gibt. Denn wenn, hätte er hier sowieso keine Chance mit seinem Schlitten! Am 6. komm' ich an Eure Türen, und am 24. bleibt alles wie gehabt: Jeder, wie er mag.« Er lachte herzlich ins Publikum. Es hörte sich an wie: »Hohoho«.

Erleichtert nahmen die Rosenheimer den Urteilsspruch auf. Die Diskussion über den Nikolaus, den Weihnachtsmann oder gar das Christkind hatte vor dem Jahreswechsel so manchen Weihnachtsfrieden gestört. Und am Ende hatten es, wie so oft, alle schon vorher gewusst: Niemals würde ein Nikolaus von einem weltlichen Gericht verurteilt werden.
Zur Feier des Tages verzog sich die Sonne, wie es sich im Winter gehört, hinter Schneewolken zurück. Flocken tanzten, und manche Pärchen taten es ihnen vor Freude gleich. Es fühlte sich an wie ein Wintermärchen.

Gummibärchen und Erde

Johanna Furch

Lina hat eine schrecklich langweilige Routine. Vor jedem Training macht sie erst einmal einen ausgedehnten Spaziergang, vorbei an Schaufenstern von Bekleidungsgeschäften, dann über den Salingarten für ein Targettraining bis zu der Stelle, wo die Mangfall sich mit dem Inn vereint. Obwohl der Atem in der Luft kondensiert und die Steine am Ufer von einer Eisschicht bedeckt sind, rauscht der Fluss neben uns her. Ganz so, als merke er nicht, dass Winter ist. Dann sitzt Lina einfach nur da und beobachtet das Wasser.

Ich liege neben ihr, lege meine Schnauze auf die Pfoten und schaue mich abwartend um.

Auch Finja macht es sich gemütlich. Sie schnaubt leise, ungeduldig. Sie sucht in der Gegend nach etwas, das ihre Langeweile für einen Moment vertreibt. Sie starrt auf einen Vogel in den Baumwipfeln oder wundert sich über kleine Eisstückchen, die vom Inn losgerissen und mitgenommen werden.

Ich bin kurz davor, meine Augen zu schließen.

»Schau mal, Papa, der ist süß.« Beim Klang der schrillen Stimme schrecke ich hoch und stelle mich alarmiert auf. Sofort lokalisiere ich die Herkunft. Ein Mädchen in rosarotem Schneeanzug, der es bestimmt um ein Doppeltes breiter erscheinen lässt, zeigt auf mich und zupft seinen Vater an der Hose.

»Ruhig«, flüstert Lina mir zu und streichelt über meine aufgestellten Ohren. Aber das Kind starrt mich weiter an, also starre ich zurück. Beunruhigt darüber, was als Nächstes passiert.

»Papa, kann ich den haben?« Die Kleine hüpft auf und ab.

Jetzt steht auch Finja auf und sieht neugierig zu den Spaziergängern hinüber. Die Bommel an der Mütze des Mädchens erregen ihre Aufmerksamkeit.

Der Vater geht vor dem Kind in die Hocke, sieht zuerst zu mir, lächelt dann dem Schreihals zu. »Nein, mein Schatz, den kannst du nicht haben, der gehört der jungen Frau dort.«

Ich schnaube zustimmend. Richtig. Ich gehöre zu Lina. Und mich kann ganz bestimmt niemand sonst haben. Ich presse mich gegen ihren Oberkörper. Uns beide gibt es nur zusammen. Immerhin bin ich nicht nur ihr ständiger Begleiter und bester Freund, sondern auch ihr Trainingspartner. Zwar fahren wir nicht im Iditarod in Alaska, aber wir haben schon gemeinsam etliche Male am Hundeschlittenrennen in Inzell teilgenommen. Und darin bin ich wirklich gut.

Ich hebe die Schnauze an, löse mich aus der angespannten Stellung.

Tränen glitzern in den Augen der Kleinen. Auch Lina scheint das zu bemerken. »Du darfst ihn streicheln, wenn du magst«, bietet sie dem Mädchen an, und sofort richtet sich dessen Blick wie hypnotisiert auf mich.

»Darf ich?« Erneut zupft sie an der Hose ihres Vaters, der daraufhin lachend nickt.

Mit unbeholfenen Schritten tapst das Kind auf mich zu, sieht aus wie eine rosarote Schneekugel, die mich überrollen will. Ich schwanke rückwärts und vergewissere mich mit einem Blick, ob Lina wirklich nichts dagegen hat. Sie nickt mir aufmunternd zu, und ich bleibe stehen, obwohl ich am liebsten die Distanz gewahrt hätte. Das Mädchen streckt ihre Handinnenfläche nach mir aus und hält sie vor meine Schnauze. Sie riecht nach Gummibärchen und Erde. Ein vorsichtiges Tätscheln, dann läuft sie schon wieder übertrieben kichernd zu ihrem Vater zurück und zeigt stolz ihre Hand, mit der sie mich berührt hat.

»Er heißt Jappo«, erklärt Lina, steht auf und wischt sich den Matsch von ihrer Schneehose. »Und die Hübsche hier ist Finja.« Bei ihrem Namen schaut Finja schwanzwedelnd auf. Lina steuert auf die Spaziergänger zu. Ein wortloses Kommando für uns, ihr zu folgen.

Neugierig schnüffelt Finja an dem rosaroten Mädchen, die daraufhin erneut kichert und die Hündin tätschelt.

Lina stemmt die Hände auf die Knie und beugt sich zu dem Kind. »Die zwei sind unglaublich stark. Sie können einen Schlitten hinter sich herziehen und damit viele Kilometer laufen. Aber dafür müssen wir ganz doll üben.« Das Mädchen klammert sich an die Hand ihres Vaters und nickt ehrfürchtig. »Was meint ihr, sollen wir trainieren fahren?«, richtet sich Lina nun an uns, und ich belle ihr zustimmend entgegen. Lachend streichelt sie mir über den Kopf und deutet mit einer Kopfbewegung an, dass wir gehen.

Das Mädchen winkt uns fröhlich hinterher und ruft: »Tschüss, Jappo.« Es ist ein komisches Gefühl, wenn jemand anderes als Lina meinen Namen sagt. Aber, wie ich eben feststelle, kein negatives.

Finja taumelt unruhig in der Transportbox herum. Sie versucht, ihre Schnauze durch die Stangen gegen die Heckscheibe zu drücken, als wolle sie durch sie hindurch den Duft von Tannennadeln und Schnee einsaugen. Bevor sie die Scheibe erreicht, bleibt sie zwischen den Stäben stecken. Sie probiert es an den nächsten Stangen, erfolglos. Ein Wimmern, ein ungeduldiges Hecheln, dann lässt sie sich fallen und wartet, bis wir endlich angekommen sind.

Wir starten die Tour immer am Hofstätter See. An guten Tagen laufen wir bis zum Gut Immling und zurück. Meistens, wenn wir nicht auf einen Wettbewerb trainieren, umrunden wir bloß den Rinssee. Bald ist wieder das Schlittenrennen in Inzell. Deshalb fahren wir beim ersten Schnee zum Hofstätter See und drehen unsere Runde.

Finja springt auf, noch bevor Lina den Kofferraum überhaupt aufgeschlossen hat. Sie schabt ungeduldig gegen die Stäbe der Transportbox. Finja lebt noch nicht lange bei uns. Erst zum zweiten Mal kommt sie zu einem Rennen mit. Vor ihr gab es zwei andere Kandidaten, aber sie liefen nicht schnell genug. Deshalb kutschiert nun Finja mit mir gemeinsam Linas Schlitten über die winterlichen Felder.

Der Schnee auf den Wiesen ist anders als in der Stadt. Er ist nicht so voller Schmutz von den Straßen, sondern so weiß, dass er blendet. Er glitzert in der

Sonne, lässt einst grüne Hügel wie verzaubert wirken, als tanzten kleine bunte Feen auf ihnen. Er fühlt sich auch anders an. Es handelt sich nicht um kalten Matsch, sondern um flockige Bällchen, die sich an meinem Fell sammeln wie Kleeblüten. Ich tue es Finja gleich, suhle mich in einem Bad aus Schneeflocken.

Aber sobald ich das Geschirr in Linas Hand klimpern höre, springe ich aufgeregt vor ihr auf und ab. Finja bellt sogar leise, kann es nicht mehr erwarten. Und dann hängt Lina uns endlich an ihren Schlitten, und wir laufen los.

Eisiger Wind peitscht in mein Gesicht. Ich strecke die Zunge heraus, schmecke die Schneeflocken, die mir entgegenwehen, spüre die Last hinter mir und höre Finjas Atem. Ich sporne sie an, schneller zu laufen – denn ein Schlitten ist nur so schnell, wie sein langsamster Hund.

Finjas übertriebener Spieltrieb geht mir manchmal auf die Nerven. Obwohl Lina eine Pause am Rinssee machen will, tollt Finja weiter im Schnee. Sie sucht nach einer Beschäftigung, während ich mich, fast schon erschöpft, neben Lina ausbreite und gegen ihre Seite presse. Ihre Schneehose ist kälter als der Schnee selbst.

Weil Finja nur auf dumme Gedanken kommt und Geistern hinterherjagt, wenn sie sich langweilt, hat Lina sicherheitshalber einen Trainingsbeutel mit Leckerlis dabei. Finja eilt ihm mit großen Sprüngen nach. Der Schnee um sie herum wirbelt auf, sie hinterlässt breite Spuren, pflügt die dicke Schicht problemlos zur Seite. Nur wenige Sekunden dauert es, bis sie den Beutel findet und mit wedelndem Schwanz zurückbringt. Unruhig tapst sie hin und her, wartet, bis Lina erneut wirft.

Noch ein Wurf. Diesmal weiter.

Ich lege meine Schnauze auf Linas Oberschenkel ab, und sie krault mich hinter den Ohren. Das sind die Momente, auf die ich mich das gesamte Jahr über freue. Schneebedeckte Felder, im Wind winkende Bäume, nur vereinzelte Häuser, Ruhe, ausschließlich Lina und wir. Ich genieße es, puste entspannt die Luft aus und schließe die Augen.

Ich höre Finjas Hecheln durch den Schnee, spüre, wenn Lina den Beutel wirft, und lasse den Wind durch mein Fell streicheln. Ein Moment der Stille, bevor unser Weg uns weiterführt.

Finja murrt leise. Ich öffne die Augen und suche nach dem Grund für ihre Unruhe. Sie schlurft unsicher hin und her, dreht sich immer wieder zu Lina um, der Beutel einige Meter vor ihr.

Lina seufzt, schiebt meinen Kopf von ihrem Oberschenkel und stapft durch die Schneespuren, die Finja hinterlassen hat. »Was hast du denn?«, ruft sie ihr entgegen, und Finja bellt.

Ich winsle, habe eigentlich keine Lust, jetzt schon aufzustehen, trotte aber trotzdem zu den beiden.

Lina stemmt die Arme in die Hüften. »Der See ist zugefroren, Finja, du brauchst dir keine Sorgen machen.« Sie beugt sich zu ihrer Hündin hinunter und deutet auf den Beutel, der über die Eisfläche auf den See gerutscht ist. »Hol!«

Aber Finja winselt wieder, taumelt einen Schritt rückwärts und klemmt den Schwanz zwischen ihre Beine.

Lina stellt sich auf und streckt sich. »Na gut.« Ein paar vorsichtige Schritte, sie testet aus, wie rutschig das Eis unter ihren Füßen ist, dann geht sie los.

Es passiert innerhalb einer Sekunde. Nur ein Blinzeln, ein Augenblick. Ein Knacken kündigt an, was nur einen Moment später geschieht. Das Eis gibt nach.

Ein Kreischen, Finjas Winseln steigert sich zu einem Bellen. Ein Platschen, Strampeln. Ich erkenne Linas Arme, die sich an Eisplatten klammern, die bei ihrer Berührung zerbröseln. Finjas Kläffen hallt durch die Stille, ich kann mich einen Augenblick nicht rühren.

Ich denke gar nicht darüber nach, was ich tun muss. Nicht darüber, wie gefährlich es ist. Ich renne einfach los. Alarmiert von Linas antriebslosen Bewegungen, ihren schwächer werdenden Schreien. Panisch suche ich nach einer Stelle, die nicht unter den Pfoten zerbricht. Linas Kopf ist angestrengt nach oben gereckt, der Mund aufgerissen, langsam kommt dampfende Luft aus ihren Lungen.

Unbeholfen schnappe ich nach ihrem Ärmel, bekomme ihn nicht zu greifen, muss mein Gesicht unter Wasser drücken. Die Kälte erreicht mich erst, als meine Schnauze die Kraft verliert. Es fühlt sich an, als hätte mein Körper verlernt, mir zu gehorchen. Ich probiere es noch mal, zwei, drei Mal, dann habe ich endlich den Ärmel ihrer Winterjacke. Ich zerre und ziehe, stemme mich gegen die Eisplatte, in der meine Krallen jedoch keinen Halt finden. Linas Atem wird langsamer, Finjas Bellen schriller.

Ich sehe den Stock nur aus den Augenwinkeln, weiß aber sofort, was ich unternehmen muss. Obwohl mein Kiefer vor Kälte beinahe erstarrt ist, kann ich ihn greifen. Das Gewicht erschreckt mich, aber ich schaffe es, ihn zu Lina zu zerren. Sie muss sich festhalten, sie muss genügend Kraft dafür haben. Ich winsle, tapse aufgeregt hin und her, versuche, sie auf mich aufmerksam zu machen.

Und endlich packt sie ihn, und ich ziehe.

Ich ignoriere den Schmerz, der sich plötzlich an meinem rechten Vorderbein ausbreitet. Noch ein Ruck. Lina umklammert den Stock mit beiden Händen.

Und schließlich ist sie an Land. Sie zerrt sich selbst weiter von der Einbruchstelle, bis sie auf festem Boden und neben Finja liegt, und dreht sich auf den Rücken.

Noch immer winselnd laufe ich unruhig um sie herum. Langsam öffnet sie die Augen. Nur einen Spalt. Ein kleines Lächeln auf ihren blauen Lippen. Sie hebt schwach einen Arm, zittert, streicht mir über den Kopf.

Es dauert eine Weile, bis Lina aufhört zu zittern. Sie zieht ihre durchnässten Handschuhe und die Jacke aus. Kurz mustert sie den zerfledderten Ärmel, der bei meinen Rettungsversuchen gelitten hat. Dann sucht sie in ihrer Schneehose nach dem Handy. Auch das hat den Einbruch nicht unbeschadet überstanden. »Verdammt«, flucht sie schwach.

Ich stupse sie mit der Nase an die Wange, beim Auftreten zuckt schon wieder dieser Schmerz durch mein Bein, und ich jaule unwillkürlich auf.

Lina erkennt die Ursache sofort. »Jappo«, kreischt sie auf und greift nach der Vorderpfote. Nasses Blut klebt in meinem Fell, bemalt die Stellen im Schnee, auf die ich getreten bin. Ein abgebrochener Teil des Astes, der Lina aus dem Eisloch gezogen hat, ragt aus meinem Bein. Erst jetzt dringt der Schmerz durch meine Gedanken und damit durch den gesamten Körper.

»Wir müssen dich zum Arzt bringen.« Lina versucht aufzustehen, aber sie fällt in der Bewegung in sich zusammen.

Ich lasse mich in den Schnee fallen, will die Pfote nicht länger belasten. Das Winseln kann ich nicht unterdrücken, versuche aber, es zurückzuhalten.

Finjas unerträgliche Angewohnheit, schnell gelangweilt zu sein, zeigt sich auch jetzt. Sie eilt zwischen Lina und dem entfernt abgestellten Schlitten hin und her, möchte am liebsten weiterlaufen. Als habe sie verpasst, was eben vorgefallen ist.

»Kannst du auftreten?«, will Lina nach einer Weile wissen. Sie schafft es endlich, aufzustehen. Sie muss aus der Kälte. Und ich zu einem Arzt. Tapfer humple ich mit ihr zum Schlitten. Zu Finjas Enttäuschung legt Lina uns nicht das Geschirr an, sondern wir schleppen uns langsam voran zu den nächstgelegenen Häusern.

»Sie hätten ihn viel früher bringen sollen.« Ich höre die Stimme wie aus der Ferne. Ich sitze in meiner Transportbox, durch die Stäbe erkenne ich Linas Beine. Mir ist immer noch schummrig. Ich erinnere mich an Licht, das durch die geschlossenen Augen blendete und Schmerzen, die manchmal durch meinen kompletten Körper strömten. Ich erinnere mich an den Geruch von Schweiß und Desinfektionsmittel. Sonst weiß ich von nichts mehr. Was ich allerdings nicht aus dem

Gedächtnis verbannen kann, ist das Bild von Lina. Wie sie im Eiswasser strampelt, beinahe aller Lebenswillen aus ihren Augen gewichen. »Es wird eine Weile dauern, bis er wieder schmerzlos auftreten kann.«

»Das Hundeschlittenrennen ist in ein paar Wochen« erklingt Linas Stimme.

»Er sollte vorerst nicht daran teilnehmen. Bis wir wissen, wie sein Bein sich entwickelt, darf er es nicht zu stark belasten. Natürlich kann es auch sein, dass er überhaupt keine Schlitten mehr ziehen darf.«

Ich winsle, will auf mich aufmerksam machen. Aber es scheint niemand zu bemerken. Lina beugt sich nicht zu mir herunter, schiebt keine Finger durch die Stäbe der Transportbox, um mich zu begrüßen.

Ein Schlitten ist nur so schnell, wie sein langsamster Hund. Es sind nur noch wenige Wochen bis zum Rennen, und wir schaffen es nicht einmal, bis zum Rinssee zu laufen. Mein Bein. Lina versucht, ihre Enttäuschung darüber zu verbergen, aber ich kenne sie besser. Ich zwinge mich selbst, zügiger voranzukommen, aber der Unfall zeigt noch seine Spuren.

Ein paar Tage lang lässt sie das Training ausfallen. Als wir das nächste Mal ins Auto steigen, machen wir nicht den Routine-Rundgang durch Rosenheim. Die Strecke, die sie fährt, kenne ich nicht. Auch den Ort, an dem sie anhält, habe ich bisher nie gesehen.

Ich warte im Kofferraum, während Lina in dem Gebäude verschwindet. Nach einer Weile kommt sie mit zwei Männern zurück. Ich schiebe meine Schnauze zwischen die Stäbe der Transportbox, freue mich schon, endlich nach draußen zu dürfen.

»Maulkorb?«, fragt einer.

Lina schüttelt den Kopf. »Er ist ein ganz Lieber.« Sie hängt mich an die Leine und krault mich hinter den Ohren. »Er humpelt, vielleicht kann er nie wieder ordentlich laufen«, klärt sie die zwei auf. »Aber er kann wunderbar mit Kindern und ist manchmal ein richtiger Kuschler.«

Ich lege den Kopf schief, kläffe leise, fragend.

Ich folge ihr ins Gebäude, behalte sie ständig im Auge, will jede ihrer Emotionen erfassen, ihre Gesichtsausdrücke erkennen. Ich versuche, daraus zu lesen, wo wir uns befinden und was das alles bedeutet.

Kaum drinnen angekommen, kehrt Lina um. Ich will hinterher, aber meine Leine wird von einem der Männer festgehalten. Verwirrt sehe ich zu ihnen, dann zu Lina. Sie dreht sich nicht zu mir um. Ein Winseln, dann ein Bellen. Wieso lassen sie mich nicht los? Ich muss doch zu ihr.

Und schon im nächsten Moment begreife ich, wo ich bin. Erst jetzt nehme ich den Geruch von anderen Hunden wahr, höre sie in einiger Entfernung kläffen.

Ich weiß nicht, wie lange ich hier bin. Der Gedanke an Lina überdeckt alles. Ich weiß, dass sich jeder hier gut um mich kümmert. Ich freue mich, wenn jemand mit mir durch den nahe gelegenen Wald spaziert. Aber kein einziges Mal ist es Lina. Das Wetter verändert sich. Langsam taut es, Blumen brechen durch den Boden, Bäumen wächst ihr Haar. Das Hundeschlittenrennen ist bestimmt schon vorbei. Ob Lina und Finja dabei waren? Ich gebe es auf, bei jedem Mal zu kläffen, wenn ich die Tür klacken höre. Gebe auf, darauf zu hoffen, dass Lina irgendwann zurückkommt und mich abholt. Mir wird klar, dass mich inzwischen vielleicht ein anderer Hund ersetzt hat. Ein schnellerer Hund. Dass ich nun an derselben Stelle bin wie Finjas Vorgänger.

Wieder klackt die Tür. Müde schaue ich auf. Ein kleines Mädchen in rosarotem Kleid taumelt auf mich zu und zeigt mit einem Finger auf mich. »Schau mal, Papa, der ist so süß. Kann ich den haben?«

Ich erkenne den Geruch, der an ihrer Hand klebt, und wie von selbst beginne ich, mit dem Schwanz zu wedeln.

Ein Gruß vom Krampus

Tobias Fischer

Hannes Hollinger, noch keine acht, freute sich eigentlich jedes Jahr auf den Nikolaus. Doch heuer war alles anders. Zwar gab es dieses Jahr keinen besonderen Grund, sich vor dem Nikolaus und seinem dämonenhaften Gehilfen, dem Krampus, zu fürchten; ihm graute dennoch. Kein Kramperl der Welt könnte so schlimm sein wie sein Cousin Moritz Kranzhuber und dessen jüngere Schwester Martha. Warum um alles in der Welt waren seine Eltern nur auf die Idee gekommen, den Nikolausabend ausgerechnet bei Tante Maria und Onkel Martin und ihren beiden kleinen Monstern zu verbringen? Nicht, dass er Verwandtenbesuche nicht mochte, M & M, wie er Cousin und Cousine nannte, bewiesen jedoch stets aufs Neue, welche Ausgeburten der Hölle sie sein konnten. Grenzenlos überheblich, über alle Maßen frech, unverschämt besitzergreifend und durch und durch verlogen – genau das waren sie. Es fehlten den beiden eigentlich nur noch ein Paar Hörner auf der Stirn, dann wären sie glatt als Teufel durchgegangen. Wie gemein sie auch immer sein mochten, Onkel Martin und Tante Maria schauten ständig darüber hinweg.

»Geh, stell dich ned so an. So schlimm ist's doch gar ned«, hieß es, wenn er sich über die beiden beschwerte.

Schlimmer noch: »Der Moritz, der tut so was ned!«, empörten sich Tante und Onkel, wenn Hannes etwas deutlicher gegenüber ihrem Kind wurde. Als wenn Hannes der Lügner wäre und nicht dieser böswillige Gartenzwerg von Cousin!

Die Martha, mit ihren bescheuerten blonden Zöpfen, galt sowieso als das Engerl in der Familie. Stets einen unschuldigen Blick aufgesetzt, immer ganz brav und artig, als könnte sie keiner Fliege was zuleide tun. Kaum drehten ihr die Erwachsenen jedoch den Rücken zu, entfaltete sie ihre ganze Boshaftigkeit. Dann riss sie den Fliegen Beinchen und Flügel aus und erfreute sich daran, nur um diese Untaten dann anderen in die Schuhe zu schieben.

Die beiden waren herumplärrende und tobende Ungetüme, die jede Unterhaltung zwischen anderen zunichtemachten und keine fünf Minuten stillsitzen konnten. Ihre Eltern beobachteten solche Anfälle mit Erstaunen oder ignorierten sie, was schon so manches Mal zu Streitereien mit anderen geführt hatte – besonders in Gaststuben, wo Moritz und Martha schon früh lernten, die Bedienungen und das Küchenpersonal zu triezen. Gab es Ärger, flüchteten sie stets in die starken Arme ihres Vaters, der sie gegen alle Anfeindungen abschirmte.

In solchen Fällen spielte sich Tante Maria stets als keifende Verteidigerin ihrer unmöglichen Kids auf. Sätze wie: »Lasst doch die Kinder einfach mal Kinder sein«, oder: »Jetzt zeigen S' halt mal a bisserl Verständnis! Sie waren auch mal jung!«, bekamen die zurecht verärgerten Leute ständig zu hören. In Hannes' Augen war das nichts anderes als peinlich. Und heute

Abend, das wusste er, würde das Ganze sicher wieder einmal eskalieren; naja, zum Glück nur im häuslichen Kreis. Seine älteren Geschwister, die alle schon außer Haus wohnten, wussten genau, warum sie sich heute drückten. Doch er, als jüngstes Familienmitglied, war M & M hilflos ausgeliefert. Seine Eltern boten auch keinerlei Hilfe, so viel stand jetzt schon fest. Um des lieben Friedens willen würden sie sicher nichts gegen die Gemeinheiten von M & M unternehmen. Mann, konnte Hannes nicht einfach daheimbleiben und seinen Goldfisch füttern? Das liebe Tier hatte er im vergangenen Sommer aus dem Happinger See gefischt; der Fisch war schön still und machte keinen Terror. Warum kamen Nikolaus und Kramperl nicht zu ihnen nach Hause, in den ruhigen Entenbachweg? Aber nein, sie mussten ja zu den Kranzhubers, das war das Unglück, wenn man der Jüngste in der Familie war.

Gleich nachdem Familie Hollinger im beschaulichen Happing, dem äußersten Stadtviertel im Südosten Rosenheims, ankam, gab es erst einmal eine überschwängliche Begrüßung. Maria und Hannes' Mutter, Juliane, waren Schwestern, die sich recht herzlich verstanden. Die Väter dagegen begegneten sich mit Respekt, aber wenig Herzlichkeit. Das ganze Haus war weihnachtlich geschmückt, von oben bis unten mit Lichterketten eingerahmt, ein LED-Strahler warf bunte Punkte in abwechselndem Muster an die Hauswand. Für Hannes bildete das einen schmerzhaften Kontrast zu der schräg gegenüberliegenden Kirche St. Martin, die friedlich und unberührt von allem technischen Schnickschnack in der Dorfmitte Happings thronte. Ob es nicht klüger wäre, den Nikolausabend dort zu verbringen oder wenigstens in der großen Wirtschaft oben an der Hauptstraße, wo sie eigentlich jedes Jahr essen gingen? Auch wenn sich M & M sicher wieder unmöglich aufführten, würden sie dort wenigstens Hannes in Ruhe lassen. Der letzte Rest von Hoffnung erwies sich als vergebens: Nach der Begrüßung schob sein Vater ihn mit Nachdruck hinein in die Kranzhuber-Wohnung.

Im Wohnzimmer herrschte ein Duft nach Zimt und Vanille, der von speziell behandelten Hölzchen aufstieg, die in kleinen Gläsern auf den Fensterbänken standen. Drum herum rankten sich Daxen aus Kunststoff mit billigen Nadeln aus Papier und genauso günstig erworbener Christbaumschmuck aus Plastik. Selbst aus der Ferne konnte Hannes deutlich die Gussnähte ausmachen.

Es dauerte nicht lange, bis ihn die Erwachsenen nach oben ins Kinderzimmer schickten, wo Moritz und Martha schon mit verhängnisvollen Absichten auf ihn warteten.

»Heid Abend werst was erleben, Hansibläd«, begrüßte ihn Moritz mit einem hinterlistigen Grinsen. »Heid Abend werst lernen, dass der Nikolaus ned echt ist.«

Das war natürlich gelogen, wo doch die ganze Welt wusste, dass es den Nikolaus wirklich gibt. Und Hannes sagte den beiden das auch. Klar, dass sie ihn darauf höhnisch auslachten.

»Mei, werd' halt endlich erwachsen«, giftete die um einen halben Kopf kleinere Martha.

»Der Nikolaus und der Kramperl sind echt! Woher weiß der Nikolaus denn sonst alles über uns, wenn er nicht echt ist?«

Moritz machte sich darüber lustig, äffte ihn nach und begann im Zimmer herumzuhinken. »Bist du behindert, Hansibläd? Der Nikolaus, des ist der Onkel Rudi! Und der Kramperl wird vom Hofhuber-Bernd g'spuit, von dem Suffkopf, der gegenüber wohnt!«

Das konnte Hannes einfach nicht glauben. Lügen waren das! Doch Moritz beharrte darauf.

»Wir sind gestern unseren Eltern heimlich nachgeschlichen, rüber zur großen Wirtschaft. Dort haben sie sich alle getroffen, die Maiers, die Auers, die Kirchhofer und Wieser, die Eltern vom Louis aus dem Waldweg und die Leute vom Kasperl-Hof. Onkel Rudi war da und der besoffene Hofhuber. Wir haben gehört, wie die beiden zum Nikolaus und Kramperl bestellt wurden und wen sie in welcher Reihenfolge abklappern sollen.«

Moritz triumphierte regelrecht, seine kleine Schwester giggelte vergnügt. »Der Depp hat's Goldene Buch auf'm Tisch liegen lassen, als er zum Bieseln ganga is«, ließ sie ihn wissen. Gemeint war natürlich der Hofhuber.

»Genau. Ein feiner Kramperl ist der! Der Rudi hat ihm das Goldene Buch mit den ganzen Zetteln gegeben. Und er hat's liegen g'lassen. Wir zwei haben ganz schnell die Namen ausgetauscht, alles durchgestrichen und verändert. Ha! Da werd's heut Abend was geben! Des werd lustig, ha!«

Wütend darüber, wie man nur so bösartig sein kann, so »g'schert« wie die zwei kleinen Ungetüme, erwartete Hannes also das Kommen vom Nikolaus. Ihm war aber auch ein wenig bange. Was ist, wenn die beiden Geschwister recht haben, und es gibt den Nikolaus wirklich nicht? Und wenn der Kramperl echt bloß der einfältige Hofhuber-Bernd wäre?

Danach wechselten die Kinder das Thema und spekulierten, wie viele Schoko-Nikoläuse heuer in den Geschenkbeuteln zu finden sein würden. Hannes befürchtete, dass er am Ende vielleicht keinen einzigen abbekam. M & M würden die seinen sicher irgendwie klauen oder kaputt machen. Dabei hatte er Schoko-Nikoläuse besonders gern.

Abends gab es schließlich Würstel mit Kartoffelbrei und Sauerkraut – wie jedes Jahr. Dazu reichlich Glühwein, den Onkel Martin noch mit einer besonderen Zutat verfeinert hatte, wie er angab. Diese besondere Zutat schien nur ihm und Hannes' Vater zu schmecken, die beiden Mütter verlangten nach Glühwein ohne die besondere Zutat, für die drei Kinder gab's Punsch. Tante Maria war vielleicht keine große Köchin, meistens gab's bei ihr nur Pizza und Nudeln mit Soße. Und Würstel, da konnte man nicht viel verkehrt machen. Das Sauerkraut war dagegen eigentlich immerhin eine Wucht, das könnte Hannes kübelweise essen, wenn's nach ihm ginge. Jedoch heute wollte ihm nicht mal das schmecken. Ihm ging der gemeine Schabernack von M & M nicht aus dem Kopf. Wie viele Tränen würde es heute Abend wegen der beiden nur geben? Was würde passieren, wenn der Nikolaus die schlechten Taten vom Kalkbrenner-Max der Sanftl-Marie vorhielt? Aber der echte Nikolaus würde doch so einen Betrug sicher bemerken! Den echten Nikolaus konnte man nicht täuschen, davon war er überzeugt.

Plötzlich, noch während alle beim Essen saßen, klingelte es an der Haustür. Husch, husch, trieb Tante Maria alle hinüber ins Wohnzimmer, wo sie, die Perfektionistin in Person, jedem seinen Platz zuwies und sogar, wie sie sich hinzusetzen hatten.

»Ohne Beineübereinanderschlagen, Martin. Der Nikolaus soll ned denken, du nimmst ihn ned ernst«, mahnte sie ihren Mann. »Sonst peitscht dich der Kramperl wieder.«

»Pah! Den peitsch höchstens ich aus; morgen beim Wirt in Aising nämlich!«

Martha und Moritz grinsten von einem Ohr zum anderen.

»Passt's nur auf, ihr zwoa! Da könnt's euer blaues Wunder erleben«, drohte Onkel Martin mit geweiteten Augen. Moritz schnaubte nur verächtlich.

»Dem blöden Kramperl tret i in den Arsch, Papa!«

»Geh, Moritz, so was sagt man doch ned.« Wie Onkel Martin das sagte, klang das so spannend und streng, dass sich nicht einmal Hannes' Goldfisch zu fürchten brauchte. Die beiden Geschwister quittierten das auch entsprechend mit höhnischem Gekicher. »Jetzt gibt's eine Gaudi«, meinte Moritz und stieß Hannes dabei provozierend den Ellenbogen in die Rippen.

Lautes Kuhglockengeläut und Kettenrasseln erfüllten den Hausflur, etwas polterte schwer, ein schwerer Stab, der pochend den Fußboden malträtierte. Lautlos und erhaben schritt der Nikolaus ins

Wohnzimmer, gefolgt von einer aufgekratzten Tante Maria. Schnell gesellte sie sich zu ihrem Mann auf der Couch. Zuletzt kam der Krampus herein.

»Geil schauns aus, de zwoa«, hörte Hannes sie zu ihrem Mann flüstern.

Hannes fand die Erscheinung des Nikolaus' beachtlich. Der Heilige aus Myra musste sich sogar bücken, damit er durch die Tür passte und seine goldene Mitra nicht verlor. Nie und nimmer war das Onkel Rudi! Und der Krampus erst! Die Maske auf dem Kopf wirkte unglaublich echt. Die war nicht aus Holz oder Gummi gemacht, so viel stand sofort fest. Die gebogene Nase warf deutliche Runzeln, als der Kramperl herumschnüffelte, seine blutroten Augen huschten von einer Seite zur anderen – und dann diese Hörner! Jeder Steinbock würde neidisch werden. Sie stießen mehrmals gegen die Decke und jedes Mal legte der Krampel seinen Kopf zur Seite und äugte misstrauisch nach oben. Sein zottliges Fell sträubte sich kurz, dann schüttelte er sich und tat so, als wäre nichts gewesen – bis zum nächsten Rempler. Schließlich begann er wieder zu schnüffeln, wandte sich herum und wollte in Richtung Küche davoneilen. Seine Kuhglocken am Gürtel läuteten dabei so laut, dass es durch das ganze Haus hallte. Blitzschnell packte der Nikolaus zu, erwischte die große Kraxn, die sich der Kramperl auf den Rücken geschnallt hatte. Mit unbändiger Kraft hielt er seinen Gehilfen fest, zerrte ihn zurück ins Wohnzimmer.

»Zum Essen gibt's nachher was, Kramperl, freche Dirndl und Lausbuam«, mahnte der Nikolaus seinen teufelsgleichen Gehilfen. Hannes' Mutter, Juliane, kicherte ob dieser rüden Drohung gegen den Nachwuchs. »A Wahnsinn, der Bernd.«

»Ja, wia echt. Man meint, er wär a Viech«, meinte auch Hannes' Vater, Jakob.

Ob es vielleicht doch der echte Nikolaus war? Hannes suchte nach Anzeichen, dass der lange weiße Bart nur angeklebt wäre, fand aber nichts dergleichen.

Endlich erhob der Nikolaus seine Stimme, dunkel und kraftvoll, ganz anders als die von Onkel Rudi. »Habt Dank für den freundlichen Empfang und die Gastfreundschaft in diesem Hause.«

Martha und Moritz konnten darüber nur kichern. Der Kramperl rasselte mit der Kette und peitschte die Rute gegen die Wand. Rasch brachte ihn der Nikolaus mit einem scharfen Blick wieder zur Räson.

Die Eltern der Kinder glucksten vergnügt und Onkel Martin meinte leise: »Typisch Hofhuber, der alte Raufbold.«

»Glei kimmt's«, raunte Moritz Hannes ins Ohr. Wahrscheinlich glaubte er, der Nikolaus würde *Von drauß' vom Walde komm ich her* zitieren – so wie jedes Jahr. Wahrscheinlich war das so ein Nikolaus-Ritual, wie in der Schule alle gleichzeitig »Guten Morgen, Fräulein Hasenöhrl« sagen mussten. Doch diesmal überraschte der Nikolaus sie alle, indem er nur erzählte, dass er einen Irrweg durchs Nickelheimer Moor hinter sich habe, und weil der Kramperl die Karte falsch herum gehalten hätte, man sich zuerst in Rosenheim verirrte. »A Familie aus der Endorfer Au is ganz schee daschrocken, als der Kramperl g'läutet hat. Die hamm wohl glaubt, wir täten's gleich einpacken, eana ne Lausdirndl«, berichtete der

Nikolaus, was unter den Erwachsenen für Gelächter sorgte. Moritz und Martha fanden das nicht lustig, enttäuschte der gute Mann aus Myra doch ihre Erwartungen. »Dann waren wir im Ehgarten unterwegs und haben's Haus der Hollingers g'sucht«, fuhr der Nikolaus fort. Der Kramperl gab ein Winseln von sich, wie ein trauriger Hund. Er ließ die Schultern hängen und schüttelte den Kopf ob seines Versagens als Pfadfinder. »G'funden haben wir's, doch dahoam war neamand.«

Kein Wunder, dachte Hannes, wir müssen ja Nikolaus hier bei Onkel Martin feiern.

Ein plötzliches Knurren verließ den Kramperl, er richtete sich wieder auf, ließ seine Zunge zwischen den Lippen hervorschnellen, ein langer, spitzer Lappen in Dunkelrot. Er bleckte sein Raubtiergebiss, und Hannes machte große Augen. Konnte der pelzige Teufel etwa Gedanken lesen? Vielleicht war das aber auch seine Rolle, ganz nach dem, was der Nikolaus grad sagte – und gerade holte der uralte Bischof sein Goldenes Buch unter dem roten Umhang heraus.

Jetzt kam also der Moment, den Hannes mehr fürchtete als jemals irgendwas zuvor in seinem Leben. Der Nikolaus schlug das Buch auf, blätterte in den Seiten. »Moritz, kimm viera. Du darfst mir den Stab halten, während i deine Taten verlese; zuerst die guaden, dann die schlechten.«

Mit einem breiten Grinsen kam Moritz diesem Befehl sofort nach, nahm den Stab des Nikolaus' an sich. Beinahe hätte er ihn wieder fallen gelassen, brauchte einige Kraft, um ihn festzuhalten. Moritz schien das nicht zu gefallen, hatte er doch bloß einen mit Goldlack eingesprühten Besenstiel erwartet.

Geduldig und ohne Tadel in der Stimme las der Nikolaus die guten und schlechten Taten von Moritz herunter – die stimmten allesamt nicht! Hannes wollte sofort protestieren, denn es waren ja die seinen, die hier verlesen wurden: Dass er weniger oft vor dem Computer sitzen sollte (das tat er wirklich allzu oft, das stimmte), dass er nicht so viel naschen dürfe und öfter Zähne putzen sollte. Die guten Taten waren ja die glatte Lüge! Moritz würde seinen Eltern gerne im Garten helfen und auch in der Küche, dass er immer alle Leute höflich grüßte und sich brav um seinen Goldfisch kümmerte. Hannes sprang schon auf, doch Onkel Martin hielt ihn fest. »Geh, Hannes, den Nikolaus stört man doch ned, wenn er redt!«, lallte er. Der viele Glühwein vom Abendessen machte sich allmählich bei ihm bemerkbar.

Doch auch Hannes' Eltern schauten sich jetzt verwundert an. Sie erkannten ihre eigenen niedergeschriebenen Worte, die der Nikolaus da aussprach – jedoch ans falsche Kind gerichtet. Die kleine Martha kicherte schadenfroh, wofür sie sich lediglich ein »Schhhh« von Tante Maria einfing.

Oh nein, oh nein, dachte sich Hannes nur. Es stimmt, was Moritz gesagt hat: Der Nikolaus ist nicht echt. Der Echte könnte doch niemals die guten und schlechten Taten der Kinder verwechseln. Das geht doch gar nicht! Wozu gibt's denn die Engel, die ihm das alles erzählen?

Der Krampus beäugte Hannes finster. Die Arme in ungehaltener Geste verschränkt, knurrte er wie ein beißwütiger Hofhund. Erneut war Hannes fast so, als könnte der Kramperl Gedanken lesen. Vorwürfe gegen seinen Meister schien er gar nicht zu mögen.

Nachdem Moritz viel gelobt und wenig getadelt worden war, kam nun Hannes an die Reihe.

»Bua«, sagte der Nikolaus gebieterisch. »Kimm' viera zur mir und halt meinen Stab. Derweil schaug ich nach, ob du schön artig warst.«

Jetzt wird der Nikolaus alles richtigstellen, da war sich Hannes sicher. Es musste einfach so sein. Er übernahm den Stab von Moritz, der ihm im Vorbeigehen den Ellenbogen in die Rippen rammte. »Jetzt geht der Spaß los, du Opfer«, flüsterte Moritz. Hannes verkniff es sich, aufzuschreien, nahm den Stab und hielt ihn fest. Er fand ihn überraschend leicht, konnte gar nicht verstehen, warum Moritz so viel Kraft brauchte.

Der Nikolaus fing mit den guten Taten an. Es war nix besonders Auffälliges dabei. »Es ist schön, dass du so guad mit dem Geld umgehen kannst«, meinte der Nikolaus. Hinter ihm erklang das Grunzen vom Krampus. Für Hannes klang es wie höhnisches Gelächter. Dafür wurde der gehörnte Gehilfe kurz tadelnd angestarrt. Sofort war der Kramperl wieder still. Aber recht hatte er schon: Es stimmte von hinten bis vorne nicht. Hannes investierte sein Taschengeld viel zu schnell und für zu viele Fußball-Sammelkarten. Bei Moritz sah das anders aus. Er verkaufte in der Pause heimlich Billigschokolade zum dreifachen Preis an seine Mitschüler, verlieh Geld nur gegen Zinsen und zeigte beim Ausgeben einen unübertrefflichen Geiz.

»Und es freut deinen Trainer, dass du so schee Fußball spielen kannst.« Wenigstens da hatte der Nikolaus einmal recht. »... und gute Noten schreibst.«

Naja, dachte Hannes. So gut waren sie eigentlich gar nicht. Wieder kam ein höhnisches Gelächter vom Kramperl. Er stimmte damit in das böswillige Gekicher der beiden Geschwister ein. Sie saßen nebeneinander auf der Couch, flankiert von ihren Eltern. Nur mit allergrößter Mühe wussten sie sich zu beherrschen, um nicht lauthals loszulachen. Ihr Schabernack ging voll auf.

»Und jetzt zu den schlechten Taten«, tönte der Nikolaus finster. Sein strenger Blick strafte Hannes kurz, ehe er sich wieder über sein Goldenes Buch beugte.

»Do sollst nicht immer so vorlaut sein!«, tönte der Nikolaus. Der Kramperl rasselte mit der Kette. Hannes wusste nicht, was er sagen sollte. Er war doch nie frech zu den Nachbarn. Erkannte der Heilige das denn nicht?

»Du sollst nicht so frech zu deinen Lehrern sein, du sollst deine Nachbarn grüßen, du sollst deinen Eltern mehr Respekt zeigen!« Mit jedem Wort wurde der Nikolaus gefühlt lauter, ließ das Donnern seiner Stimme die ganze Einrichtung erzittern. Der Kramperl fauchte, knurrte, rasselte mit der Kette, peitschte seine Rute von links nach rechts. Nur die ausgestreckte Hand des Nikolaus hielt das zottlige Ungetüm ab, vorzustürzen, Hannes zu packen und zu verprügeln. Am liebsten hätte sich Hannes in die Hosen gemacht, doch vor dem Nikolaus – und seinen Eltern kam das nicht infrage.

»Du sollst nicht stehlen, und du sollst die Spielsachen der anderen Kinder nicht immer kaputt machen.«

Während Hannes vor Unglück die Tränen kamen, amüsierten sich Moritz und Martha köstlich, kicherten, strecken ihm die Zunge raus. Die Liste schlechter Taten ging noch weiter und weiter. Der Nikolaus wollte gar nicht mehr aufhören, von bösen Geschichten zu erzählen. Alles Übeltaten, die Moritz und Martha begangen hatten, lauter Gemeinheiten gegen Mitschüler und die Nachbarskinder. Und jedes Mal meinte der Nikolaus Hannes. Der Krampus fletschte die Zähne wie ein Raubtier, schüttelte seinen gehörnten Kopf. Aus seinem Rachen glühte es, Hannes sah es genau. Hoffentlich frisst er mi ned auf, dachte er sich. Aber geh! Das ging ja gar nicht. Immerhin war das nur der Hofhuber-Bernd und der war sicher kein Menschenfresser, sondern eher Hopfen und Malz sehr zugetan.

Hannes Eltern saßen vollkommen verdattert auf der Couch, Onkel Martin hielt sich die Hand vors Gesicht, so peinlich war ihm das alles. Alle, wie sie dasaßen, wussten, dass die Erzählungen des Nikolaus nicht stimmten, dass er das falsche Kind zermürbte. Doch keiner von ihnen fühlte sich imstande, einzugreifen und den heiligen Bischof aus Myra aufzuhalten, ihm zu sagen, dass ein Missverständnis vorlag, dass die Aufzeichnungen vertauscht worden waren – alles nur Lug und Betrug!

Martha und Moritz konnten sich ein lautes Auflachen nicht mehr länger verkneifen. Es brach aus ihnen heraus, laut und schrill; grauenhaft anzuhören. »Der Nikolaus«, lachten sie, »der Nikolaus ist ein Depp!«

Donnernd schloss sich das Goldene Buch, Rauch stieg zwischen den Deckeln des Einbands auf, Asche rieselte zu Boden. Die bösen Seiten, sie waren genau in diesem Augenblick verbrannt, Hannes konnte es deutlich riechen.

»Schall und Rauch is des alles, a Haufen Lügen nur noch Asche«, brummte der Nikolaus. »An Nikolaus b'scheisst ma ned so leicht, ihr Fratzen!«

Er nahm Hannes den Stab ab und klopfte damit einmal fest auf den Boden. Als wäre das ein vereinbartes Zeichen, nahm der Krampus seine Kraxn ab und ließ sie zu Boden poltern. Plötzlich breitete sich Stille im Wohnzimmer aus. Wie erstarrt saßen die Eltern da, und auch Hannes konnte keinen Muskel bewegen. Martha und Moritz verging das Kichern schlagartig. Mit einem Brüllen, so laut und dunkel, um damit Wände einzureißen, stürzte der Krampus vor, packte mit seinen Pranken Moritz, riss ihn durch die Luft und – schwuppdiwupp – stopfte er ihn kopfvoran in die Kraxn. Der Junge plärrte, wehrte sich, doch gegen die Kraft des Kramperl kam er nicht an. Noch immer konnten sich die Eltern nicht rühren, nicht einmal aufschreien taten sie. Martha hüpfte auf der Stelle, wieselte in Richtung Treppenhaus, fort von der gehörnten Gestalt.

Doch vor dem Kramperl gab's kein Entrinnen. Er riss sein Maul auf, die lange Zunge schnellte hervor, peitschte durch die ganze Tiefe des Raumes, erwischte Martha und wickelte sie ein. Hannes hörte sie erbärmlich quieken, wie ein junges Ferkel, das den Metzger erwartete. Einen Moment später sah er nur noch ihre strampelnden Beine, die aus der Kraxn ragten. Mit sichtlicher Genugtuung stopfte der Kramperl sie hinein, schloss den Deckel, machte den Verschluss zu. Zufrieden grunzend schulterte er die Kraxn, schnaubte verächtlich in Richtung der wie gelähmt dasitzenden Eltern, dann machte er sich in Richtung Haustür davon.

Auch der Nikolaus hielt sich nicht mehr länger damit auf, viel zu sagen. Er verschwand durch die Tür nach draußen. Zurück ließ er einen ganzen Sack voller Orangen, Mandarinen, Walnüssen und Lebkuchen.

Die Lähmung der Eltern löste sich, alle vier sprangen sie auf. Juliane und Jakob sprangen zu ihrem Sohn, die anderen beiden eilten zur Haustür, riefen nach Rudi und dem Hofhuber-Bernd. Hannes' Eltern entschuldigten sich bei ihm, verstanden gar nicht so recht, was da passiert war.

»Des ist doch ganz klar: Des war der Echte«, rief Hannes. Seine Furcht schlug jetzt in Begeisterung um. »Der echte Nikolaus und der echte Kramperl!«

Natürlich wollte ihm niemand Glauben schenken, und alles, was sie erlebt hatten, versuchten sie irgendwie mit Halluzinationen zu erklären und schoben es auf Martins Glühwein. Maria und Martin verbrachten den Abend damit, die Nachbarschaft abzusuchen, hielten sie die Entführung ihrer beiden Kinder noch immer für einen Scherz.

Eine halbe Stunde später kreuzte ein Schwerbetrunkener auf, der trotz seiner Nikolaus-Verkleidung unschwer als Onkel Rudi zu erkennen war. Der Hofhuber, vollkommen bedudelt, kam hinterdrein, wankend und schwankend. Ein Wunder, wie er sich überhaupt auf den Füßen halten konnte. Über den Kopf eine schwarze Sturmmaske gezogen, mit angeklebten Spielzeughörnern, nippte er pausenlos an einer Flasche Glühwein. Hannes musste den Kopf schütteln. Was für ein erbärmlicher Aufzug! Dem echten Kramperl konnte der nie und nimmer das Wasser reichen.

»Tut uns leid, wir sin' aufg'halten w … w … worden«, lallte Onkel Rudi mit einem Achselzucken. Er hielt seine Flasche Glühwein hoch. »Ein freundlicher Opa mit seim Steinbock hamm' uns die Flaschen geschenkt und g'meint, wir sollten erst was trinken, ehe wir uns daher bequemen. Mit einem freundlichen Gruß vom Krampus.« Ohne jede Vorstellung davon, wer die ihnen anvertrauten Positionen im Wohnzimmer tatsächlich – auf Gedeih und Verderb – eingenommen hatte, nuckelten Onkel Rudi und der Hofhuber gleich wieder an den Flaschen.

Natürlich wurde gleich darauf die Polizei gerufen, doch weder Nikolaus noch der Kramperl waren aufzuspüren. Niemand in der Nachbarschaft hatte die beiden gesehen oder das Geschrei von Kindern vernommen. Und einen Opa samt Steinbock hatte natürlich auch niemand gesehen. Es war, als wären die Gestalten vom Erdboden verschluckt.

Lediglich die alte Meierin, die direkt gegenüber der Kirche wohnte, wollte was gehört haben. »A finstere Nacht is', wenn der Kramperl umgeht, Lausdirndl und Bazin mit der Ruten zwiefet, mit den Glocken läut und die Ketten rasseln lasst. Da singan die Kinder wia die Engerl und schee hamm's gsunga!«

Weil die Polizei diese Aussage als wenig hilfreich einschätzte und die alte Meierin als »Krähweib« abtat, beschloss man, den nächsten Tag mit Hundestaffel und Hubschrauber anzurücken. Die beiden Kinder, das wurde den Kranzhubers versichert, wären im Nu wieder daheim. Hannes bezweifelte es.

Im ganzen Hause Kranzhuber herrschte bedrückte Stimmung. Hannes' Eltern waren über Nacht geblieben, als moralische Unterstützung. Trotz der Entführung ihrer Kinder waren Onkel Martin und Tante Maria nicht in Trauer und Sorge verfallen. Hannes fand es interessant zu beobachten, wie sie zu streiten anfingen, als man darüber diskutierte, was eigentlich genau passiert war. Vorwürfe wurden vom Onkel laut, was für Saufratzen sie da erzogen hätten.

»Nur einmal, wenn die Kinder an Anstand zeigen sollen, müssen die den Nikolaus als Deppen bezeichnen. Hast du ihnen nicht beigebracht, dass man gefälligst Respekt zeigen soll?«

Natürlich ließ das Tante Maria nicht auf sich sitzen und beschuldigte ihren Mann, dass er es doch immer gewesen sei, der die beiden Kinder in Schutz genommen habe, wenn's Ärger gab.

Das artete zu einem richtigen Streit aus, und stockbeleidigt gingen die Eltern von M & M ins Bett. Hannes begriff, dass sich für M & M einiges ändern würde, sollte der Krampus sie jemals wieder freilassen. Vielleicht half es, dem Nikolaus zu schreiben, dass er bitte nicht zulassen durfte, dass der Kramperl die beiden verspeiste? Hoffentlich war es noch nicht zu spät! So schnell er konnte, setzte sich Hannes hin und schrieb in allerfeinster Schönschrift (die er immer noch als sehr schief empfand) einen Bittbrief an den Heiligen Nikolaus. Als Austausch könne dieser auch den ganzen Vorrat an Schoko-Nikoläusen für dieses Jahr haben und dem Kramperl geben. Vollmilchschokolade war ja ein tierisches Produkt und aus Sicht von Hannes der beste Ersatz für Menschenfleisch, den der Kramperl kriegen konnte.

Pünktlich zum Sonnenaufgang läutete es an der Haustür. Sofort erfüllte Aufregung das ganze Haus. Noch im Schlafanzug eilten beide Elternpaare die Treppe hinunter, und Onkel Martin riss die Tür derart heftig auf, dass der Türknauf ein Loch in die Wand schlug. Draußen auf dem Fußabstreifer standen Martha und Moritz, zitternd und bibbernd, aber durch und durch lebendig. Natürlich wurden sie sofort umarmt, geküsst, und es gab Tränen bei allen Beteiligten. Hannes dagegen fühlte eine innere Zufriedenheit. Obwohl die beiden richtige Teufel waren, kam er nicht darum herum, eine große Erleichterung zu empfinden – vor allem, weil er schnell feststellen konnte, dass ihnen nicht ein einziger Finger abgebissen worden war – nicht einmal die kleinste Ecke aus den Ohren fehlte. Schnell eilte er zurück ins Zimmer, suchte nach seinem Brief. Er war spurlos verschwunden.

Wie sich zeigte, hatte der Krampus M & M die Hintern mit der Rute dermaßen versohlt, dass sie eine ganze Woche lang nicht sitzen konnten – außer auf sehr weichen Kissen. Tatsächlich besserte sich ihr Verhalten, und die kommenden Wochen gaben sich die beiden von einer ungewohnt umgänglichen Seite. Es blieb zu hoffen, dass alle Kranzhubers sich änderten, und wenn Hannes den Streit vom Vorabend richtig deutete, dann würden Martha und Moritz mit ihrer Tyrannei in Zukunft nicht mehr so einfach durchkommen.

Kurz vor Weihnachten war es, da saß Hannes auf der Bank seines Bushäuschens und wartete wie üblich, dass ihn der Schulbus abholte. Mitgebracht hatte er seinen letzten Schoko-Nikolaus, als Wegzehrung natürlich.

»Der wird ihm sicher guad schmecken«, sagte plötzlich jemand neben ihm. Hannes blickte auf und erschrak. Ein älterer Herr mit weißem Vollbart und einem gütigen Lächeln auf den roten, runden Backen setzte sich zu ihm. An der Leine, die er führte, hing jedoch nicht etwa ein Hund, sondern ein Steinbock.

»Sie sind's wirklich, oder? Der Nikolaus, mein ich, und das da ist der Kramperl.«

Der ältere Herr sagte nichts, lächelte nur. Ohne noch länger zu zögern, reichte ihm Hannes den Schoko-Nikolaus. So hatte er es ja in seinem Brief vorgeschlagen.

»Eigentlich ist er a ganz a Braver und Schoklad mag er am liabsten«, meinte der Alte schließlich. Der Steinbock starrte gierig auf den Schoko-Klaus. Wenn sich Hannes nicht täuschte, schob sich eine lange, spitze Zunge aus seinem Maul, doch sobald sich der Herr seinem ungewöhnlichen Haustier zuwandte, blickte der rasch in eine andere Richtung, als sei nichts gewesen.

»Und Sauerkraut mag er auch. Deine Tante kocht ein besonders gutes.«

»Ja, nur schad, dass sie meinen Cousin nicht genauso gut erzogen hat«, brummte Hannes.

Der ältere Herr lachte kurz. »Angst hast, dass der Moritz irgendwann wieder auf dich losgeht, gell?«

Hannes nickte. »Schon.«

Der Alte lachte wieder, streichelte seinen Steinbock zwischen den imposanten Hörnern. »Wenn's irgendwann wieder mal so weit ist, dann sag ihm was, das er niemals vergisst. Wirst sehen, er wird wieder brav wie ein Lamperl.«

»Und was?«

»An Gruß vom Krampus.«

Zapfenstreich – eine Winterwunderreise

Sonja Lehmann, Die Wortmalerin

Endlich hat es geschneit! Feiner Pulverschnee überzuckert die Landschaft, und klirrende Kälte sorgt dafür, dass die gefrorenen weißen Kristalle Dörfer und Hügel in eine märchenhafte Schneelandschaft verzaubern. Der Blick Richtung Kampenwand ist atemberaubend. Erste Sonnenstrahlen erleuchten die Felsen und das Gipfelkreuz von Osten her, das Bergmassiv ragt erhaben in den tiefblauen und wolkenlosen Himmel. Sehr lange hat es keine weiße Weihnachten mehr gegeben, aber heute, am Heiligen Abend, präsentiert sich die Landschaft endlich wieder in ihrem schönsten Winterkleid.

Der Parkplatz am Fuße der Kampenwand ist noch leer. Nur einige wenige Hundebesitzer drehen ihre morgendlichen Gassirunden, als ein sportlicher junger Mann seine Skiausrüstung packt. Toni möchte die frühen Stunden des Tages nutzen, um sie als echte *staade Zeit* für sich alleine zu genießen, bevor am frühen Abend das traditionelle Familientreffen beginnt. Der Heilige Abend ist seit jeher der einzige Anlass im Jahr, zu dem sich alle gemeinsam im Wohnhaus der Eltern versammeln. Sämtliche Familienmitglieder, so weit verstreut sie auch in der Welt sein mögen, reisen an und kommen hier zusammen. So ist es zumindest Brauch, solange er denken kann. Allerdings wird es wohl dieses Jahr zum ersten Mal eine kleine Einschränkung geben. So wirklich kann er das noch gar nicht glauben, und ein wehmütiges Gefühl steigt in ihm auf. Doch jetzt gilt es erst einmal, den Trübsinn abzuschütteln und an die frische Luft, vor allem aber in den jungfräulichen Schnee zu kommen und die Tour zu beginnen.

Heute möchte er auf jeden Fall der Erste, vielleicht auch der Einzige sein, der auf seinem Hausberg Spuren im Schnee hinterlässt. Das Dorf im Tal liegt noch fast im Dunkeln, als Toni endlich die Felle unter seinen Skiern befestigt hat, den Rucksack auf seinem Rücken spürt und knarzend auf dem kalten Boden die ersten Schritte macht. Sein Atem zeichnet kleine Nebelschwaden in die Luft, und er ermahnt sich, nicht zu schnell loszuspurten, sondern sich gleichmäßig Schritt für Schritt fortzubewegen. Es dauert eine Weile, bis er seinen Rhythmus gefunden hat, bis er sich an das Tempo gewöhnt, das sein Körper vorgibt, und erst nach ein paar Höhenmetern im holprigen Schritt stellt sich jene Gleichmäßigkeit ein, die erst die wirkliche Einheit aus Körper und Natur möglich macht. Nach einigen Kurven zweigt Toni am Felsblock oberhalb des Wiesenhangs ab, von wo er in regelmäßigen Kehren nach oben steigt. Die Etappen über weite Schneefelder enden, und die Tour führt nun in steileres Gelände. Aus großen Bögen werden kleine Spitzkehren, und das eine oder andere Mal kommt er beinahe ins Straucheln, als er die Richtung wechselt. ›*Fast hätte ich es verlernt, wie ich meine Stöcke in den engen Aufstiegskurven richtig einsetzen muss, um nicht wie ein Anfänger rückwärts wieder abzurutschen*‹, denkt er. ›*Kein Wunder, die letzte Skitour ist einige Jahre her.*‹ Tapfer kämpft er sich Meter um Meter nach oben. Die Häuser unten im Dorf werden kleiner, dafür die Aussicht ins Voralpenland größer.

Ganz deutlich erkennt Toni das Blau des Chiemsees und die Herreninsel. Sogar der Turm des Klosters auf der Fraueninsel ist zu sehen. Wie arrogant hatte er noch vor einigen Jahren auf diesen Heimatkitsch, wie er es damals nannte, hinabgesehen. Er ahnte zu diesem Zeitpunkt nicht, dass ihn harte Arbeitsjahre in der bayerischen Hauptstadt, mit permanenter Hektik, zu neuer Demut führen würden. Beinahe wäre er durch die stetige Tretmühle in seinem Berufsalltag in einen gefährlichen Erschöpfungszustand geschlittert. Gerade noch rechtzeitig hatte er erkannt, dass stattdessen die Wahrzeichen seiner Heimat, die in keinem Werbeprospekt fehlen dürfen, für ein gesundes und glückliches Leben sprechen. Erst mit der Rückkehr hierher, in die Nähe zur Natur, stellte das Leben die Weichen wieder neu. Er bereute seine Heimkehr nicht, verurteilte aber auch keinen seiner ehemaligen Arbeitskollegen, die ihm schon bald einen Provinzkoller prophezeiten. Denn vielleicht vermisste er es irgendwann doch, aus einer Laune heraus an den Flughafen zu fahren und in ein beliebiges Flugzeug einzusteigen, das ihn via last minute in die Metropolen der Welt oder auf eine einsame Insel bringen könnte. Auch wenn das jedes Mal eine Flucht vor sich selbst war. Vor Situationen, die im Moment unlösbar schienen oder einen verzweifelten Versuch darstellten, innere Leere zu füllen. Immer öfter, immer schneller neue Kicks zu erleben, die ihn jedes Mal nach seiner Rückkehr nur weiter in den Strudel von Einsamkeit hineinzogen. Erst eine neue Sicht auf das Leben und auf sich selbst brachte schließlich die Wende und damit auch den Rückzug in den Chiemgau. »Aber was sinniere ich da wieder«, sagte er laut zu sich selbst. »Das weiß ich doch alles, jetzt geht's auf, Endspurt!«

Zügig geht Toni weiter, und bald wird ihm warm. Er schiebt die Ärmel seiner Jacke ein Stück nach oben, verschnauft kurz und wartet, bis seine Sonnenbrille die Sicht wieder freigibt. Durch das Pausieren sind deren Gläser beschlagen. Blasse Winterhaut zeigt sich zwischen den Handschuhen und den Anorakärmeln, die Sommersprossen, die sich im Sommer immer so deutlich zeigen, sind als zarte hellbraune Fleckchen zu erahnen. Schaudernd erinnert er sich an den letzten heftigen Sonnenbrand und seine eigene Dummheit, damals ohne Sonnenschutz unterwegs gewesen zu sein. Ein Kurztrip nach Marokko war es, ein Superschnäppchen aus dem Internet, dem er vergangenen Januar gefolgt war. Drei Tage im Norden Afrikas, inklusive eines Ausflugs in den Hohen Atlas. Was sollte ihm da als altem Bergfex schon passieren? Das bisschen Sonnenlicht und die paar Stunden im Freien würden ihm schon nicht schaden, hatte er gemeint. Nur kurz holen ihn die Gedanken daran ein, wie viel Glück er wirklich gehabt hatte, als die kleine Reisegruppe vom Weg abkam, und er glaubte, die Führung übernehmen zu können! Alles ging glimpflich aus, außer einem heftigen Sonnenbrand und einem Sonnenstich war ihm nichts passiert, und alle kehrten unverletzt zurück. Allerdings schwor er sich, niemals mehr afrikanischen Boden zu betreten, so gerne er auch seine Vision aus Kindertagen von einer Safari in Kenia noch umgesetzt hätte. »Was soll ich als Landschaftsgärtner und Hobbybotaniker da eigentlich?«, denkt er laut. »Das sollen mal andere machen. Ich bin im Hier und Jetzt und damit im bayerischen Winter. Weiter geht's!«

Leicht fröstelnd zieht Toni seine Mütze aus der Jackentasche und tauscht sie gegen das dünne Stirnband. Es wundert ihn nicht, dass sich plötzlich alle Haare auf seinem Arm aufstellen, es herrschen immerhin noch Minusgrade. Erst als sein Herz deutlich stärker zu klopfen beginnt, wird es ihm doch mulmig. Zusätzlich breitet sich eine Gänsehaut von den Armen über seinen ganzen Körper aus. Leichter Schüttelfrost lässt ihn schaudern, und ein eigenartiges Schwindelgefühl kriecht in seinen Kopf. Auf dem vor Minuten noch strahlend blauen Himmel zieht aus dem Nichts eine dicke graue Wolke auf. Nur wenige Sekunden später sieht er keinen Meter weit mehr, denn dichter Nebel hüllt ihn ein. Ein unheimliches Zittern des Bodens überträgt sich wellenartig auf Ski und Beine. Die Schneedecke unter den Skiern vibriert, ächzend und donnernd teilt sich der Boden unter ihm, als wolle ihn der Berg verschlingen. Er rutscht in die Tiefe, findet nirgendwo Halt, seinen gellenden Schrei hört niemand. Spiralförmig stürzt er nach unten, Sekunden des Falles erscheinen ihm wie Stunden, und er sieht sein Leben in Zeitlupe an sich vorüberziehen. *Das war's dann wohl*, denkt er noch, dann prallt er mit dem Kopf auf.

Augenblicke später kommt er benommen und mit dröhnenden Kopfschmerzen wieder zu sich und versucht, sich aufzurichten. Schwindel übermannt ihn, und vorsichtig testet er seine Gliedmaßen auf ihre Funktion. »Okay, ich kann Arme und Beine bewegen, ich fühle Schmerz, auch, wenn ich mich selbst zwicke und drücke. Eine Lähmung scheidet schon mal aus«, murmelt er. Das Atmen fällt noch schwer, wahrscheinlich ist er während des Sturzes auch mit dem Bauch aufgeschlagen. Ein Blick auf seine Armbanduhr bringt ihn nicht weiter. Sie ist stehen geblieben. Das Glas hat einen Sprung.

Etwas Feuchtes rinnt über sein Gesicht, und am Haaransatz kitzelt es lästig. Ihm fällt seine Wollmütze ein, und er überlegt, wo sie liegen könnte. ›*Aber das sind alles nur Dinge, die man ersetzen kann. Ich bin verrückt, dass mir gerade das jetzt als wichtig erscheint.*‹ Mit der Hand tastet er an seiner Nase entlang, spürt weiter in Richtung Haaransatz, wo es am stärksten juckt. ›*Das gibt es jetzt nicht! Was ist denn hier los?*‹ Mit spitzen Fingern wischt er zwei kleine schwarze Ameisen weg, die von links nach rechts über seine Stirn marschieren. Erschrocken fegt er sie auf den Boden, wo bereits eine große Ameisenfamilie in mehreren Reihen geschäftig kleine Fliegen und andere tote Insekten transportiert.

Vorsichtig öffnet Toni die Augen und blinzelt in grelles Sonnenlicht. Doch sofort macht er sie wieder zu, so unfassbar hell ist es. Nach wie vor benommen, sieht er an sich hinunter. Und wieder zweifelt er an seinem klaren Verstand: Es gibt keine Spur von Winterkleidung! Weder Hose noch Anorak, kein Pulli oder dicke Strümpfe sind zu sehen. Im Gegenteil, er trägt ein weißes kurzärmliges T-Shirt und khakifarbene Shorts. Seine Füße stecken nicht in Skischuhen, sondern in poppigen Flipflops. Und nicht die Ameisen haben nasse Spuren auf seiner Stirn hinterlassen, sondern Tropfen aus einer Wasserflasche, die ein junges Mädchen direkt über ihm ausleert. ›Sie sieht meiner Schwester verblüffend ähnlich‹, denkt er noch, bevor sie mit einer Schimpftirade loslegt, die ihm die Sprache verschlägt. »Mensch Toni, ich hab dir doch gesagt, dass du feste Schuhe anziehen sollst!«, meckert sie. »Kein Wunder, dass du beim Fotografieren umknickst, wenn du keinen Halt hast. Jetzt sind sie gleich weg, deinetwegen!«

Wütend stampft sie erneut mit dem Fuß auf und tippt zeitgleich hektisch in ihr Handy. »Das schaffen wir niemals pünktlich!«, sagt sie, um es gleich noch einmal zu wiederholen. »In ein paar Stunden geht die Sonne unter, und wir haben mindestens noch 50 Kilometer auf der staubigen Piste bis zur Lodge zu fahren. Ausgerechnet heute an Heilig Abend will ich mir das Abendessen nicht entgehen lassen. Abgesehen davon, dass wir nicht die passende Ausrüstung für eine Nacht in der Steppe haben. Also los jetzt, steh' endlich auf!«.

»Was ist mit Heilig Abend? Und welche Lodge? Wer ist weg? Und wo sind meine Ski?«, setzt Toni dagegen und erntet ein hysterisches Lachen. »Ski? Ich glaube, du spinnst komplett! Lass das mit den afrikanischen Drinks, wenn du sie nicht verträgst! Steh auf, wir müssen uns beeilen, der Jeep wartet!«, sagt sie und sprintet zu einem weißen Geländefahrzeug, das unter einem dürren Baum mit laufendem Motor auf sie wartet. Kopfschüttelnd und immer noch seine Glieder sortierend, rappelt Toni sich auf und versucht zu verstehen, was passiert ist. Er hangelt sich an einem Felsblock entlang, sengende Sonne treibt ihm weitere Schweißperlen aus den Poren. Er klopft sich den Staub aus der Kleidung und sieht sich um. Tatsächlich – vor ihm liegt die afrikanische Savanne. Trocken, staubig, nur undeutlich ragt im Dunst eine Bergkette empor, weit weg, ohne Gipfelkreuz und Schnee. Und tatsächlich, schräg gegenüber winkt ihm eine kleine Gruppe von Menschen zu. Es ist nicht zu übersehen, dass sie ihm deutlich machen, er solle zu ihnen zum Auto kommen. »Was zur Hölle ist passiert?«, fragt er das Mädchen, aber sie ist schon zu weit weg, um eine Antwort zu geben. ›*Safari … Die sind tatsächlich auf Safari*‹, denkt er und erkennt deutlich den erhöhten Sitz auf dem Jeep. Dort oben hat man die beste Position, um Fotos von Tieren und der Landschaft zu machen, wenn man unterwegs ist. Immer noch kopfschüttelnd trottet Toni los. Sein linkes Bein schmerzt höllisch, er kann es kaum belasten, und fast knickt er wieder um. Schlurfend zieht er es nach, immer darauf bedacht, nicht auch noch den Flipflop zu verlieren. Nach ein paar Metern stoppt er erneut. Sein großer Zeh stößt an einen braunen Zapfen, der direkt vor ihm auf dem staubigen Boden liegt. »Einen Moment«, ruft er den anderen zu. »Das ist doch ein Tannenzapfen! Wie kann das sein? Wenn ihr hier mit dem Jeep auf Safari geht, gibt die Umgebung doch höchstens ein paar vertrocknete Sträucher her. Vielleicht auch ein paar Bäume, aber niemals Nadelhölzer, die solche Zapfen haben. Ich weiß das, ich bin Botaniker«, murmelt er und bückt sich, um danach zu greifen. Wieder wird ihm schwindlig, alle Knochen tun ihm weh. Und damit nicht genug! Deutlich hörbar zieht er die Luft ein, als ihm beim Aufheben des Zapfens die scharfe Kante der ersten Schuppenreihe einen tiefen Schnitt in seinen Finger zieht. Benommen geht er in die Hocke und steckt den blutenden Daumen in den Mund. ›*Egal, die anderen haben schon so lange gewartet. Darauf kommt es jetzt auch nicht mehr an.*‹ Blut rinnt über den Finger und bildet eine kleine rote Lache auf dem Boden.

»Rote Farbe auf weißem Grund, wir sind doch nicht in Österreich! Toni, du hast immer gesagt, dass blaues Blut in deinen Adern fließt. Jetzt ist aber auf alle Fälle klar, dass das gelogen war! Komm her, ich habe ein Pflaster für dich. Du versaust hier noch den wunderbaren weißen Schnee!«, schimpft die Stimme aus dem Off. Und wieder schlägt der junge Mann die Augen auf. »Ich muss zum Jeep, die warten auf mich«, flüstert er. »Jeep? Nein, da verwechselst du was. Das Einzige, wohin du musst, ist auf den Akja vor dir. So wie es aussieht, hast du unglaubliches Glück gehabt. Deinen Rucksack hat man unterhalb des Felsens am Wiesenhang entdeckt, nachdem der Hund zu Hause Alarm geschlagen hat.«

»Welcher Hund?«, fragt er irritiert. Er ist immer noch benommen. »DEIN Hund!«, betont der Retter. »Ich war gerade mit dem Schmücken des Christbaums fertig, als der Notruf kam.« Anscheinend habe der Hund gespürt, dass etwas nicht in Ordnung sei. Wahrscheinlich, weil sein Herrchen schon zu lange unterwegs war. Offenbar hatte er durch seinen Aufstieg am Hang ein Schneebrett ausgelöst, das ihn mitzog. Obwohl es seit Tagen kalt ist, reichten die Sonnenstrahlen von heute Morgen anscheinend dafür aus. »Einen Helm hattest du auch nicht auf«, sagt der Retter fast vorwurfsvoll. »Deine Mütze haben wir dort drüben entdeckt. Sie blieb dekorativ an einem Tannenzweig hängen. Das hätte wirklich schlimm ausgehen können!«

Der Mann von der Bergwacht ruft seinen Kameraden herbei, und die beiden heben den jungen Skifahrer und Abenteurer in den bereitstehenden Akja. Zugedeckt mit kupferfarbener Rettungsfolie und sicher gelagert, machen sie sich gemeinsam an die Abfahrt ins Tal. Mittlerweile ist die Sonne hinter dem Bergrücken verschwunden, und es wird empfindlich kalt.

›Ich verstehe es nicht!‹. Ratlos bleibt Toni auf dem Bergwachtschlitten seinem Gedankenchaos überlassen. Trotz der vorsichtigen Fahrt schmerzt sein ganzer Körper unerträglich. Vor allem sein Kopf. Mit den letzten Schwüngen und der Ankunft am Parkplatz lässt endlich auch die Blutung am Kopf und damit das höllische Pochen nach. Am Ende der Piste steht ein Rettungswagen, um ihn ins nahe gelegene Krankenhaus zu bringen. »Ist gar nicht mehr nötig«, sagt er, als sein Hund, der schon ungeduldig auf ihn gewartet hat, noch schnell die Gelegenheit nutzt, um ihm über sein Gesicht zu lecken. »Na, du Retter in der Not, ohne dich wäre wohl alles ganz anders gekommen. Oder zumindest wäre ich zum Abendessen in einer afrikanischen Lodge gewesen«, flüstert er dankbar in das kuschlige Hundeohr. Von seinem besonderen Ausflug will er fürs Erste niemandem mehr erzählen.

Der letzte Transport, den Toni an diesem Spätnachmittag schließlich doch noch über sich ergehen lassen muss, führt ihn ins Krankenhaus, das er wenig später mit einem eingegipsten Bein und der Diagnose einer massiven Gehirnerschütterung verlässt. Der diensthabende Arzt verordnet strenge Bettruhe, zumindest eine liegende Position vor dem Christbaum, wie er noch schmunzelnd hinzufügt.

Die Dunkelheit legt sich über das Dorf, in den Häusern brennt Licht, und aus manchen Stuben leuchten bereits die Kerzen an den Christbäumen. ›*Wunderbar ist es bei uns daheim*‹, denkt Toni und wischt sich schnell die Tränen der Erschöpfung und der Freude weg, als seine besorgte Mutter die Haustür öffnet, ihn vorsichtig in die Arme schließt und den Verunfallten mit seinen Krücken langsam in die geschmückte Stube führt. Dampfend steht das Essen auf dem Herd, der Kachelofen verbreitet wohlige Wärme, und weihnachtliche Musik erfüllt den Raum. Toni sitzt mit den Eltern am Tisch und hat sein verletztes Bein auf einem kleinen Holzschemel abgelegt. »Was für ein Glück, Toni, dass du den schlimmen Unfall heute so glimpflich überstanden hast und unsere Familie hier einträchtig beisammen sitzen darf«, sagt der Vater. »Auch wenn Julia dieses Jahr nur via Videoschaltung bei uns sein kann.«

Er nimmt sein Handy aus der Schublade und tippt konzentriert auf ein paar Tasten. Es knackt und rauscht, und plötzlich sehen sie die Tochter auf dem kleinen Bildschirm. »Fröhliche Weihnachten euch allen!«, knarzt die Stimme der jungen Frau. »Hoffentlich geht's euch gut! Wir hatten einen tollen Tag heute. Wir waren mit dem Jeep an einer der Berghöhlen und in der Steppe. Vielleicht haben wir die Strecke und die Strapazen unterschätzt, jedenfalls haben wir doch noch rechtzeitig vor Einbruch der Dunkelheit zurückgefunden. Bei einer Pause war mir plötzlich übel, und ich wurde kurz ohnmächtig, wahrscheinlich hatte ich zu wenig getrunken. Stellt euch vor, für einen Moment habe ich meinen Bruder neben mir gesehen! Verrückt, oder? Dabei sehe ich ja jetzt mit eigenen Augen, dass der Toni doch ganz gemütlich neben euch sitzt. Aber alles ist wieder gut. ... Das Netz wird schlechter, und das Barbecue geht los. Servus, und macht es gut, bis nächste Woche!«

Alle winken zum Abschied in das Display, aber bei einem Familienmitglied am Tisch treten ein paar kleine Schweißtropfen auf die Stirn. Und das liegt nicht daran, dass der Vater zu viele Holzscheite beim Heizen des Kamins verwendet hat. Toni, der junge Mann, Skifahrer, Botaniker und vielleicht Zeitreisender, wundert sich an diesem Abend über nichts mehr. Es ist auch nicht nötig, Fragen zu stellen oder Nachforschungen zu betreiben. Ein wunderbarer Abend und eine erholsame Nacht sollen diesen aufregenden Weihnachtstag beschließen. Frohe Weihnachten!

Interessant ist, dass die Medien in den folgenden Sommermonaten eigenartige Meldungen bringen. Wissenschaftler haben eine bisher unbekannte Ameisenspezies in den bayerischen Voralpen entdeckt. Klein und schwarz wie die heimischen Tiere, jedoch flinker und deutlich robuster, so wie jene in den regenarmen Zonen Afrikas. Parallel dazu schwärmen Botaniker in Tansania und Kenia von einer neuen Pflanzengattung: Ein Strauch mit überaus unempfindlichen, wasserspeichernden und tannenzapfenähnlichen Früchten mache dort Furore. Nun soll die Entdeckung in speziell dafür ausgewählten Plantagen kultiviert werden. Wie man liest, hat man ihr schon einen Namen gegeben: *Pine Cone Prank*, zu Deutsch »*Zapfenstreich*« ...

Der Commissario und das Hündchen

Giuseppe Bruno

Luca Marchetti, Commissario aus Siena, der wohl schönsten Stadt der Toskana, pfiff die Melodie des Liedes mit, das gerade aus dem Autoradio schallte. Er befand sich auf der A 8 in Richtung München und wähnte sich schon am Ende der langen Reise. Sein deutscher Kollege Wolfram Isedor, mit dem ihn inzwischen eine tiefe Freundschaft verband, hatte ihn über Weihnachten nach Deutschland eingeladen, was Marchetti nur zu gerne annahm, denn der Dezember war auch in Siena nicht berauschend. Meistens war es kalt und regnerisch, die Touristen verschwunden und in der Questura, seiner Dienststelle, herrschte tote Hose. Nachdem er noch nie in Deutschland gewesen war, freute er sich nun auf den Kurzurlaub, der ein wenig Abwechslung in die triste Jahreszeit brachte. Staunend bewunderte er die schneebedeckten Felder und Wälder, die an ihm vorbeiglitten. Isedor hatte zwar gemeint, dass der Schnee nicht lange liegen bleiben würde, weil es ungewöhnlich warm war für diese Jahreszeit, aber für den Moment erfreute sich Marchetti an dem Anblick des verschneiten Voralpenlandes. Auch in den Alpen, die er auf der Fahrt durchquert hatte, lag hoher Schnee. Zum Glück war die Autobahn frei gewesen, sodass er ohne Verzögerungen bis zum Inntaldreieck gekommen war. Irgendwo hier musste er abbiegen. Vergnügt drehte er seinen Kopf und nickte seiner Beifahrerin zu. »Müssen wir hier nicht irgendwo raus?«

Die dunkelhäutige junge Frau an seiner Seite vertiefte sich kurz in die Wegbeschreibung und sah ihn dann mit großen braunen Augen an. »Ich glaube, wir sind schon zu weit, *Piccolo.*«

Marchetti unterdrückte einen Fluch und schimpfte sich selbst, weil er noch immer kein Navi besaß. »Wie weit sind wir schon?«, erkundigte er sich. Er wurde müde und wollte endlich sein Ziel erreichen. Sein Freund hatte ihn in einem Hotel in Bad Aibling einquartiert. Dort gab es Wellness und sogar eine Therme. Ein bisschen relaxen konnte nicht schaden. Außerdem würde seine Begleitung eine ziemliche Überraschung für seinen Freund sein: Mercedes war eigentlich eine gemeinsame Bekannte. Ein Mädchen, das sie vor knapp einem Jahr aus der Prostitution gerettet hatten. Isedor würde Augen machen, sie nun an seiner Seite zu sehen!

Die junge Frau las das nächste Schild und zeigte mit der Hand auf die Ausfahrt. »Irschenberg! Das ist eine Ausfahrt zu weit! Fahr lieber raus, damit wir umkehren können.«

»*Mamma mia!*«, stöhnte Marchetti.

»Es sind nur fünf Kilometer!«, murmelte Mercedes beschwichtigend.

»Gott sei Dank! Ich werde langsam müde.« Marchetti nahm die Abfahrt und deutete mit einem Rucken seines Kopfes auf eine Werbetafel. »Schau mal, da ist ein McDonald's. Wollen wir schnell etwas essen? Bis zum Abendessen dauert es noch, und ich habe Hunger.«

Mercedes lächelte ihn an. »Aber gerne, *Piccolo!*«

»Wir sind gut durchgekommen, da können wir uns hier eine kleine Pause gönnen, nicht wahr?« Marchetti streckte bereits seine Beine und freute sich darauf, der Enge des Autos zu entkommen. Er fuhr einen Oldtimer, der es ihm übel zu nehmen schien, dass er ihm die Steigungen der Berge zumutete. Die Leistung war bergauf so abgefallen, dass sie sogar von einigen Lastwagen überholt worden waren. Marchetti kurvte auf den Parkplatz und stieg aus. Es war kalt, und er griff nach seiner warmen Jacke, die auf dem Rücksitz des Autos lag. »Huh, hier sind es aber ein paar Grad weniger als in Siena!«, stellte er fest. Auch Mercedes schlüpfte in einen schicken Mantel und balancierte dann in hochhackigen Winterstiefeln über den vereisten Parkplatz in Richtung McDonald's. Marchetti grinste und folgte ihr dann. Fürsorglich bot er ihr seinen Arm an, damit sie nicht ausrutschte. Mercedes achtete stets darauf, dass sie hübsch gestylt war, aber italienischer Chic war bei der hiesigen Witterung eher nicht angesagt. Mercedes hängte sich vertrauensvoll bei ihm ein und warf ihm einen verliebten Blick zu. Seit der Commissario sie gerettet und ihr einen Job in einem Hotel vermittelt hatte, war das Mädchen aus Haiti dem Retter unendlich dankbar. Aus einem Gefühl der Sorge aufseiten des Commissarios hatte sich schnell eine Liaison entwickelt. Inzwischen lebte Mercedes in seiner kleinen Wohnung, und Marchetti war der glücklichste Mensch auf Erden. Nach dem Desaster seiner ersten Ehe hatte er sich lange gegen eine weitere Beziehung gewehrt. Freundinnen waren gekommen und gegangen, ohne dass er sich wirklich binden wollte, doch bei Mercedes lag alles anders. Sein Beschützerinstinkt war angesprungen, und er hatte sich Hals über Kopf in dieses zierliche, anmutige Geschöpf verliebt. Er selbst hatte eine stattliche Gestalt, mit dunklen Locken, die bereits einige silbergraue Strähnen durchzogen, einer mächtigen etruskischen Nase und der typischen ausladenden Gestik, wie sie den Italienern zu eigen ist. An seiner Seite wirkte das Mädchen aus Haiti wie eine exotische Gazelle.

Im McDonald's war kaum etwas los, und so orderten sie ohne Wartezeit je einen Big Mac mit Salat. Mercedes kicherte gut gelaunt, als beim Essen der Ketchup an Marchettis Kinn hinunterlief. Mit einer Serviette tupfte sie ihn ab und nutzte die Gelegenheit, ihm einen Kuss auf die Wange zu drücken. Marchetti fand das gut. So sollte eine Freundin sein! Er genoss die bewundernden Blicke einiger Gäste, die an den anderen Tischen saßen. Mercedes stand schließlich auf und brachte die Tabletts in den bereitstehenden Geschirrwagen zurück. Dann verließen die beiden die Gaststätte und gingen zu ihrem Auto zurück. Ehe sie einstiegen, bemerkten sie einen Transporter, der einige Meter von ihrem Auto entfernt abgestellt worden war. Leises Fiepen drang zu ihnen nach draußen, und neugierig näherte sich Mercedes der hinteren Tür. Sie blickte durch das schmutzige Fenster und schaute sich erschrocken nach Marchetti um. »*Piccolo*, schau nur! Hier sind lauter Welpen drin!«

Marchetti kam hinzu und versuchte ebenfalls, einen Blick ins Innere zu erhaschen. »*Merda!*«, fluchte er. »Was ist denn hier los?« Er überprüfte das Kennzeichen und stellte mit gerunzelter Stirn fest, dass es sich um ein Fahrzeug handelte, das in Rumänien zugelassen war. Mit einem Blick erkannte er, dass die Welpen in einem verheerenden Zustand waren. Einige bewegten sich kaum noch. Hinter den ersten Kisten waren weitere gestapelt, in denen sich vermutlich noch mehr Tiere befanden. Leider konnte er nicht sehen, wie es um sie bestellt war, aber der erste Eindruck genügte ihm, um eine Entscheidung zu treffen. Er war sich sicher, dass es sich hier um einen illegalen Tiertransport handelte und der Besitzer garantiert keine legalen Papiere mit sich führte. Ohne weiter nachzudenken, griff er zum Handy und tippte auf die gespeicherte Nummer. »Isedor«, erklang es am anderen Ende.

»*Ciao, sono Luca!*«, meldete sich Marchetti.

»Oh, wo bist du denn? Hast du dich verfahren?«

»*No, no!*«, versicherte Marchetti ungeduldig. »Ich bin hier auf einem Parkplatz von McDonald's und brauche deine Hilfe.«

»McDonald's?«, wunderte sich Isedor. »Welcher McDonald's?«

»So eine Ausfahrt … Ierschen …«

»Irschenberg?«

»Ja, genau!«

»Was machst du in Irschenberg? Das ist ja schon zu weit«, stellte Isedor fest.

»*Lo so* … Das weiß ich doch …« Marchetti wurde langsam ungeduldig. »Wir wollten noch schnell was essen. Aber jetzt hör mal zu! Wir stehen hier gerade auf dem Parkplatz und beobachten einen Transporter aus Rumänien. Da sind lauter Welpen drin. In einem verheerenden Zustand. Ich glaube nicht, dass der Transport legal ist. Kannst du mal kommen?«

»Luca!«, schimpfte Isedor zum Schein. »Du sollst hier Urlaub machen und nicht deine Nase schon wieder in Ermittlungen stecken!« Er kicherte erheitert. »Bin unterwegs! Gib mir ein paar Minuten. Kannst du den Typen so lange aufhalten? Ich schicke auch eine Streife aus Bad Aibling.«

Marchetti zog Mercedes ein paar Meter von dem Fahrzeug weg und tat möglichst unauffällig. Wahrscheinlich war der Fahrer beim Essen und würde in wenigen Minuten wiederkommen. »Nicht lange!«, meinte er besorgt. »Wenn der Lunte riecht, ist er weg.«

»Ich beeile mich!«, versicherte Isedor. »Denk dir was aus.«

Marchetti steckte das Handy weg und deutete an, dass Mercedes einsteigen sollte. Mercedes schüttelte bittend den Kopf. »Aber wir müssen doch helfen ...«

Marchetti gab ihr einen Kuss und schob sie in Richtung der Beifahrertür. »Machen wir, *cara mia*, machen wir!« Er startete den Motor und parkte rückwärts aus, dann ließ er den Motor absterben und öffnete die Motorhaube. Erstaunt bemerkte Mercedes, dass Marchetti nun direkt hinter dem Transporter stand, sodass dieser nicht mehr wegfahren konnte. Sie lächelte erfreut, runzelte dann aber doch besorgt die Stirn. Hoffentlich würde der Trick funktionieren. Noch kam niemand aus der Gaststätte, sodass sie etwas Zeit gewannen.

Marchetti beugte sich über den Motor und fummelte an den verschiedenen Kabeln herum. Er wurde geschäftiger, als er bemerkte, dass ein Mann mit osteuropäischem Aussehen auf ihn zukam. Zum Schein fluchte er auf Italienisch und gab dem Reifen einen wütenden Kick. »*Merda!*«

Der andere Fahrer stellte sich mit verschränkten Armen neben sein Fahrzeug und schüttelte den Kopf, als er merkte, dass er aufgehalten wurde. In schlechtem Deutsch forderte er Marchetti auf, sein Auto wegzubewegen.

»*Non capisco!*«, antwortete Marchetti. »*La macchina ...*«, murmelte er mit einer verzweifelten Geste zu seinem Auto.

Der Mann seufzte genervt, näherte sich dann aber, um ebenfalls einen Blick auf den Motor zu werfen. Mit geübtem Griff setzte er zwei Drähte wieder zusammen und lächelte Marchetti triumphierend zu. »Auto geht wieder!«

»*Grazie!*«, murmelte Marchetti. Er ging einmal um sein Auto herum, als müsste er prüfen, ob alles wieder in Ordnung sei, dann setzte er sich auf den Fahrersitz. Stotternd startete der Motor, um erneut abzusterben. »*Merda!*«, fluchte Marchetti erneut.

Der andere Fahrer verlor zusehends die Geduld. Er schimpfte auf Marchetti ein, dass er anscheinend den Führerschein im Supermarkt gekauft hätte. Er wurde schnell ausfallend und stieß Beleidigungen aus. Marchetti stieg aus und baute sich gestikulierend vor dem Mann auf, während nun auch Mercedes aus dem Auto stieg und versuchte, ihren Freund zu beruhigen. Sie befürchtete, dass hier gleich eine Schlägerei ausbrechen würde. »*Piccolo!*«, rief sie drängend.

Die Situation spitzte sich zu, denn der Mann wurde zunehmend lauter und unfreundlicher. Mit erhobenen

Fäusten standen sich die Männer gegenüber, und Marchetti brüllte seine Freundin an, aus dem Weg zu gehen. Verzweifelt hielt Mercedes den Arm von Marchetti fest, denn sie kannte sein Temperament. *»Piccolo!«*, wiederholte sie verzweifelt.

Eine Faust traf Marchetti am Kinn, doch der Italiener steckte das weg wie ein Baum. Wütend ging der italienische Commissario auf den Fahrer des Transporters los und schlug ihm in den Bauch.

Stöhnend krümmte der Mann sich zusammen. »Du Idiot!«, fluchte er. Seine Hände tasteten nach seiner Jackentasche, als würde er nach einer Waffe suchen. Dann hielt er inne, als ein Einsatzfahrzeug der Polizei auf den Parkplatz fuhr. Seine Gesichtsfarbe wechselte in ein ungesundes Rot. Unsicher wich er einige Schritte zurück und blickte sich nach einer Fluchtmöglichkeit um. Marchetti setzte ihm nach. »Stopp!«, brüllte er. Mit seinem Körper ließ er sich auf den Mann fallen, um ihn aufzuhalten.

»Stehen bleiben!«, schallte es nun ebenfalls vonseiten der Polizisten. Sie rissen Marchetti zurück, ohne zu wissen, dass sie damit dem anderen wieder die Flucht ermöglichten.

Marchetti hob die Hände und redete hastig auf die Polizisten ein. »Sono della polizia italiana!«, erklärte er. »Ich habe Kommissar Isedor um Hilfe gebeten! Schnappt euch den Kerl!« Mit seiner Hand wedelte er ungeduldig in Richtung des Flüchtigen.

Der Name Isedor bewirkte Wunder, denn die Polizisten wandten ihre Aufmerksamkeit dem Fahrer des Transporters zu, der gerade über einen Zaun klettern wollte. »Stehen bleiben!«, schrien sie und zogen dabei ihre Waffen. Ein Polizist erreichte den Mann in letzter Sekunde und riss ihn an seinem Parka wieder zurück auf den Parkplatz. Der Mann hob fluchend seine Hände und ließ sich von dem Beamten zum Transporter zurückführen. »Papiere!«, forderte der Polizist ungeduldig.

Gleichzeitig fuhr ein weiteres Auto schwungvoll auf den Parkplatz und kam mit quietschenden Reifen zum Stehen. Mit einem breiten Grinsen erkannte Marchetti seinen deutschen Kollegen. »Ciao, Ise!«, grüßte er überschwänglich.

Kommissar Isedor stieg aus und umarmte Marchetti herzlich, dann riss er verblüfft die Augen auf, als er Mercedes erkannte. Er war damals dabei gewesen, als Marchetti das Mädchen aus den Klauen eines Zuhälters befreit hatte. Trotzdem brauchte er einen Augenblick, um die Umstände zu realisieren. »Na, so eine Überraschung!«, murmelte er verblüfft. Höflich drückte er Mercedes einen flüchtigen Kuss auf die Wange. »Geht es Ihnen gut?«, erkundigte er sich.

»Aber ja!«, versicherte Mercedes und antwortete ebenfalls mit einem Kuss auf die Wange. »Schön, Sie wiederzusehen.«

Isedor entschied, dass er später noch die Gelegenheit haben würde, die Details für dieses Wiedersehen zu ergründen. Souverän wandte er sich an die Polizisten. »Hallo Jungs, mein italienischer Kollege hier hat dieses Fahrzeug bemerkt und vermutet, dass die Welpen illegal nach Deutschland eingeführt werden. Könnt ihr das mal überprüfen?« Er zog seinen Polizeiausweis hervor, der ihn als Hauptkommissar auswies.

»*No, no, no!*«, versicherte der Fahrer des Transporters. »Alles legal! Ich habe Papiere. Der Typ da ist einfach auf mich losgegangen!«

In Begleitung eines misstrauischen Polizisten ging der Fahrer zur Beifahrerseite seines Autos und griff nach den Papieren, die im Handschuhfach bereitlagen. Es handelte sich um Verkaufsurkunden, die mit mehreren Stempeln ausgestellt waren. Allerdings fehlten die erforderlichen Impfpässe. Kopfschüttelnd brachte der Polizist die Papiere zu dem Kommissar und zeigte seine Ausbeute. Isedor warf nur einen kurzen Blick darauf und zeigte unmissverständlich auf die Hecktür. »Aufmachen!«, bellte er.

Die Stimme des Fahrers wurde säuselnd. »Aber, alles ist in Ordnung, wirklich!«

Isedor ließ sich nicht beirren, sondern schob den Mann beiseite, um selbst einen Blick auf die Welpen zu werfen, die in völlig verdreckten Transportboxen hockten. Sie winselten kläglich und leckten die Hand des Kommissars, während einige kaum noch den Kopf hoben. Mercedes trat näher und ging in die Hocke, um die Welpen zu streicheln. Hilfesuchend drehte sie sich zu Marchetti und Isedor um. »Sie brauchen Wasser!«, sagte sie mit belegter Stimme.

Isedor war bereits am Handy. Ohne groß zu überlegen, tippte er die Nummer des Tierheims Ostermünchen. »Hallo, hier ist der Ise. Ich bin hier gerade am Irschenberg und bräuchte eure Hilfe. Wir haben einen Transporter mit Welpen aufgehalten, die hier illegal eingeführt werden. Sie sind in einem schlimmen Zustand. Könnt ihr kommen? Es handelt sich bestimmt um zwanzig bis dreißig Tiere.«

Isedor hörte auf die Stimme am anderen Ende und nickte dann zufrieden. »Die Leute sind unterwegs. Wir bekommen gleich Verstärkung. Kann mal jemand Wasser holen?«

Ein Polizist machte sich auf den Weg zur Gaststätte und kehrte kurz darauf mit einer Wasserflasche und einer Plastikschüssel zurück. Vorsichtig befreiten die Männer die Tiere aus den Boxen und setzten sie an die Wasserschüssel. Gierig schlabberten die Welpen das Wasser und wackelten dann schwanzwedelnd um die Männer herum. Sie fiepten und bettelten um Nahrung. Mercedes hatten einen kleinen Hund auf dem Arm, der sich kaum noch rühren konnte. Mit ihrem Finger flößte sie dem Tier ein paar Tropfen ein. Sie hatte Tränen in den Augen, als sie erkannte, wie schlecht es dem Welpen ging.

Der andere Beamte kontrollierte inzwischen die Papiere des Fahrers, der sich als Oleg Boskava ausgab. Er sei von einer osteuropäischen Tierschutzorganisation als Fahrer angeheuert worden und der Ansicht gewesen, dass mit den Papieren alles in Ordnung wäre. Warum die Welpen seit Stunden kein Wasser erhalten hatten und kurz vor dem Verdursten waren, konnte er nicht erklären. Mit einem Schulterzucken quittierte er die Frage und erklärte, dass er nur der Fahrer sei und nicht der Tierpfleger.

Marchetti und Mercedes zogen scharf die Luft über die Unverfrorenheit des Mannes ein. »So ein Bastard!«, schimpfte Marchetti aufgebracht.

Die Polizei konnte ihm nur recht geben. »Wir führen den Knaben erst einmal ab. Schmuggel, illegaler Tierhandel … Irgendetwas wird uns schon einfallen!

Der Transporter wird beschlagnahmt und die Tiere dem Tierschutz übergeben.«

Der Mann begann zu jammern, stieß aber auf wenig Mitleid. Tierquäler waren in Deutschland nicht gerne gesehen. Marchetti sah ihm nach, wie er auf dem Rücksitz des Polizeiautos verschwand. Dann begleitete er Isedor in die Gaststätte, um mehr Wasser für die Hunde zu organisieren. Sie hatten inzwischen alle Hunde aus den Boxen geholt und sahen zu, wie sie gierig tranken und dann vorsichtig über den Parkplatz krochen. Isedor blieb nichts anderes übrig, als einen nach dem anderen wieder einzufangen und in die Boxen zurückzusetzen. Er wollte nicht das Risiko eingehen, dass die Tiere ausbüxten und auf die Autobahn liefen.

Langsam wurde es dunkel, und die Temperatur sank beträchtlich, sodass alle froren. Marchetti und Mercedes waren ohnehin zu leicht angezogen für den Winter in Deutschland. »Setzt euch doch ins Auto und macht die Heizung an«, schlug ihr Freund vor. »Der Tierschutz müsste eigentlich gleich da sein!«

Marchetti und Mercedes ließen sich das nicht zweimal sagen. Frierend setzten sie sich ins Auto und schalteten den Motor ein, damit die Heizung den Innenraum erwärmte. Mercedes hielt einen winzigen braunen Welpen im Schoß. Der kleine Kerl fror wirklich zum Erbarmen. Der ganze Körper schüttelte sich vor Kälte. Zärtlich streichelte Mercedes das Fell und steckte dann den Welpen unter ihren Mantel. Zufrieden stellte sie fest, dass das Zittern nachließ und der kleine Hund sich zu beruhigen schien. »Ist er nicht süß?«, fragte sie verliebt.

Marchetti rollte mit den Augen, denn er sah seine Wohnung schon okkupiert von kleinen Hunden, die überall hinpinkelten und seine teuren Ledersessel anknabberten. »Komm bloß nicht auf dumme Gedanken!«, warnte er murrend. »Vergiss nicht, dass wir bald verreisen wollen!«

Mercedes lächelte ihn an. »*Piccolo,* natürlich vergesse ich das nicht! Ich finde nur, dass das Hündchen so süß ist.«

»Okay!«, stimmte Marchetti ihr zu. »Er ist süß. Aber das heißt nicht, dass wir ihn jetzt adoptieren müssen.« Er konnte sehen, dass die Antwort ihr nicht gefiel. »Aber wir könnten uns ja darum kümmern, dass er gut untergebracht wird!«, schwächte er seine Worte ab. Er konnte es einfach nicht ertragen, sie traurig zu sehen. Schon leuchtete ihr Gesicht wieder, und er atmete erleichtert auf.

»Das ist eine so schöne Idee, *Piccolo.*« Mercedes war ganz begeistert. »Wir fragen Ise, wie wir helfen können.«

Marchetti seufzte innerlich, rang sich aber ein Lächeln ab. »Das machen wir!«

Mercedes strahlte ihn glücklich an. »Du warst so mutig, *Piccolo!* Einfach wunderbar, wie du diesen Typen aufgehalten hast! Und ich hatte solche Angst um dich!«

Marchetti sonnte sich in dieser Bewunderung. Jetzt würde er sogar einen Welpen in seine Wohnung lassen, nur damit sie glücklich war. Er tastete sein Kinn ab, das ein wenig anschwoll und Mercedes sofort zu einem Sturm des Mitleids veranlasste. »Piccolo, soll ich dir ein wenig Schnee drauftun?«

Es war bereits dunkel, als der Wagen des Tierheims auftauchte. Zwei Mitarbeiter stiegen aus, die von Isedor freundlich begrüßt wurden. Er wohnte in der Gemeinde und engagierte sich für das Tierheim. Als Gönner war er den Leuten bekannt, und so wurden die Tiere unbürokratisch übergeben. Der Papierkram konnte später noch ausgefüllt werden. Jetzt mussten die kleinen Hunde erst einmal in Sicherheit gebracht und versorgt werden. Das Tierheim hatte bereits einen Tierarzt verständigt, der bei der Ankunft auf sie warten würde. Besorgt musterten die beiden Tierpfleger die Tiere und nahmen zwei in Augenschein, um die es wirklich schlecht stand. »Die müssen wahrscheinlich in die Klinik!«, bemerkten sie. Vorsichtig nahmen sie den Winzling entgegen, den Mercedes unter ihrem Mantel gewärmt hatte. »Wir kümmern uns gut um ihn!«, versicherten sie, als sie den traurigen Blick der jungen Frau sahen.

Ise übersetzte ihre Worte. »Sie würde sich gern um den Hund kümmern und dafür sorgen, dass er ein gutes Zuhause bekommt.«

Der Tierpfleger nickte erfreut. »Sie könnte eine Patenschaft übernehmen. Dann werden wir ihr sagen, wo der kleine Kerl unterkommt. So wie wir das sehen, müssen die Tiere einige Wochen bei uns bleiben. Ihre Spende wäre dann für das Futter und die Tierarztkosten. Die Welpen wurden ihren Müttern zu früh weggenommen. Das ist eine Schande! Wahrscheinlich sollten sie Weihnachten unter irgendwelchen Christbäumen liegen und wären nach den Feiertagen dann wieder bei uns gelandet. Einfach verantwortungslos! Wir werden sie aufpäppeln, impfen und dann an gute

Familien vermitteln. Das wird sicherlich nicht schwierig. Welpen gehen gut. Das ist ja auch der Grund, warum der deutsche Markt mit ausländischen Welpen überschwemmt wird. Viele sind jedoch schwer krank und verursachen dann hohe Tierarztkosten. Wir haben immer wieder Fälle von Tieren, die dann bei uns abgegeben werden.«

Isedor übersetzte wieder, und Mercedes nickte verstehend. Auch in Italien gab es diese Fälle. »Ich übernehme gerne eine Patenschaft!«, erklärte sie. »Können wir die Welpen besuchen?«

»Klar, morgen fahre ich mit euch dahin!«, versicherte Isedor.

Mercedes strahlte ihn glücklich an. Marchetti schien auch zufrieden zu sein, denn niemand sprach mehr davon, einen Hund adoptieren zu wollen.

Sie sahen zu, wie die Hunde verladen wurden, dann standen sie irgendwann allein auf dem dunklen Parkplatz. Isedor grinste schief, als er seinen Freund musterte. »Soll ich euch jetzt das Hotel zeigen, und ihr erzählt mir, was es mit euch beiden auf sich hat?«

Marchetti lachte frech und schlug Isedor auf die Schultern. »Klar, das machen wir. Fahr voraus, wir folgen dir.«

»Genau, damit ihr nicht *noch einen* Kriminalfall löst! Schön brav hinter mir bleiben und nicht nach rechts oder links sehen.«

»Machen wir!«

Isedor führte seinen Freund bis zur nächsten Ausfahrt zurück und zeigte ihm dann den Weg zum Hotel Lindner. Nachdem die beiden eingecheckt hatten, trafen sie sich alle im Restaurant und setzten sich in ein stilles Eck, das Ise bereits reserviert hatte. »Und gefällt euch das Zimmer?«, erkundigte sich Isedor.

»Wunderbar!«, antwortete Marchetti.

»Morgen zeige ich euch, wo ich wohne«, meinte Isedor freundlich. »Und dann zeige ich euch ein bisschen die Umgebung!« Er lachte unternehmungslustig.

Kurz war es still, als alle einen Blick in die Speisekarte warfen. Etwas hilflos runzelte Marchetti die Stirn, bis Ise mit einem Grinsen die wichtigsten Gerichte übersetzte. Die Bedienung brachte drei Gläser dunkles Weißbier, und Marchetti verdrehte entzückt die Augen. »Bayerisches Bier!«, seufzte er zufrieden.

Isedor leckte den Schaum von den Lippen und schaute Marchetti tief in die Augen. »Und?«, forderte er ungeduldig. »Wolltest du mir nicht etwas erzählen?«

Marchetti wechselte einen Blick mit seiner Liebsten und lächelte weich. »Mercedes und ich werden heiraten!«, ließ er die Katze aus dem Sack.

»Wie?« Ise hob erstaunt die Brauen. »Geht das schon länger mit euch Turteltäubchen?«, wunderte er sich. Der Fall war erst vor einem Jahr gelöst worden. Sie hatten einen Politiker ermordet in einer Mülltonne gefunden und waren einem Spiel aus Betrug und Bestechung auf die Spur gekommen. Mercedes war als Lockvogel für diesen Politiker missbraucht worden. Eine schlimme Geschichte! Aber wie hatte Marchetti sich so schnell in das Mädchen verlieben können? Verblüfft schaute Ise von dem einen zur anderen. »Geht das nicht ein bisschen schnell?«

Marchetti schüttelte den Kopf. »Nein, viel zu langsam.« Er meinte es ernst. Er hatte sich in das Mädchen verliebt und wollte sie wirklich zur Frau nehmen. Er hatte keine Zweifel. Gar keine.

»Aha!«, meinte Ise. Er grinste breit. Die beiden schienen wirklich glücklich zu sein. »Und jetzt?« Er sah die beiden gespannt an.

»Im Februar fliegen wir nach Haiti zu ihrer Familie und dann heiraten wir.«

»Auf Haiti?«, wunderte sich Isedor.

»Ja, mit allem Drum und Dran. Hochzeitstorte, Pfarrer, Musik.«

»Und einem wunderschönen Hochzeitskleid …«, ergänzte Mercedes strahlend.

»Ihr seid verrückt!«, stellte Isedor fest.

Marchetti nickte. »Stimmt! Aber es heißt ›verliebt‹. Das ist ein Unterschied.«

Isedor musterte die beiden durchdringend und freute sich für sie. Er hatte Mercedes gesehen, als man sie aus der Zwangsprostitution befreit hatte. Ein unschuldiges Mädchen, das aus Haiti gekommen war, um in Italien zu arbeiten. Wie verloren sie damals ausgesehen hatte. Doch nun hatte sie sich in einen wunderschönen Schmetterling verwandelt. Eine junge Frau, die vor Glück zu schweben schien. Ja, es war schön, die beiden so zu sehen! Mit einem fröhlichen Lächeln hob er sein Glas. »Prost!«, sagte er auf Deutsch.

»Prost!«, stimmten die beiden ein.

»Auf den Retter der Hunde!«, ergänzte Mercedes.

Isedor kniff die Augen zusammen. So war das also. Sie hatte sich in ihren Retter verliebt! Das passierte wirklich nicht zum ersten Mal. Er lächelte und beschloss für sich, die beiden am nächsten Tag wohl eher nicht in die Therme zu begleiten. Sollten die beiden doch alleine turteln!

Wieder hob er sein Glas und prostete ihnen zu. »Auf euch beide!«, meinte er fröhlich. Es war immer schön, wenn eine schlimme Geschichte ein gutes Ende nahm.

Gute zwei Monate später befand sich Isedor auf dem Weg nach Siena, um die beiden zu besuchen. Mit an Bord, in einer Transportbox, ein kleiner Hund, der nun ordnungsgemäß geimpft, entwurmt und mit allen Papieren ausgestattet war. Es hatte ein wenig Überredungskunst bedurft, die Pfleger im Tierheim davon zu überzeugen, dass Siena ein guter Ort für Hunde war, aber letztendlich hatte Ise sich durchgesetzt. »Die haben in Siena sogar einen Hundespielplatz!«, hatte er die Vorzüge aufgezählt. »Und Mercedes ist nun Hausfrau und kann sich um das Hündchen kümmern. Besser kann er es gar nicht haben.« Wahrscheinlich wären die Leute vom Tierheim nie darauf eingegangen, aber sie hatten Luca Marchetti und Mercedes persönlich kennengelernt, als sie den Welpen besuchten. Hinzu kam der Umstand, dass es auf einen Schlag 26 neue Hunde zu vermitteln gab, worauf das Tierheim von seinen strengen Statuten einmal absah.

Ise freute sich auf das Wiedersehen und warf einen Blick in den Rückspiegel, um nach dem Welpen zu sehen. Zufrieden lag er in seiner Box und schlief den Schlaf des Gerechten. Und wieder einmal musste Ise grinsen, als er daran dachte, wie sehr eine Frau einem

Mann den Kopf verdrehen konnte. So sehr, dass er sogar einen kleinen Hund zwischen seinen Designermöbeln akzeptierte – nur, damit ein Mädchen aus Haiti nicht traurig war.

Mein zweites Leben

Bernhard Kürzl

Da stand ich nun am Heiligen Abend im letzten Dämmerlicht des späten Nachmittags auf dem Rosenheimer Friedhof! Jeden Tag konnte ich ihn von meiner Dachgeschosswohnung aus sehen, doch war ich niemals hier gewesen, bis heute. Im leichten Nieselregen blickte ich auf das Grab eines jungen Mannes, den ich nie wirklich getroffen hatte, der mir aber doch fast so nahe wie ein Freund war. Was machte ich hier überhaupt so allein? Andere Menschen waren bei ihren Familien, Freunden oder wenigstens Bekannten. Und ich? »Ich hätte dich gerne kennengelernt!«, sagte ich leise und spürte dabei, wie sich Tränen mühsam und schmerzhaft ihren Weg nach draußen erkämpften. Ich zitterte und fühlte, dass es scheinbar immer kälter wurde. Aber es war nicht nur die Kälte! Plötzlich spürte ich, dass ich nicht allein war! Jemand hatte sich kaum hörbar von hinten genähert. Die Person musste ganz nah sein, vielleicht einen oder sogar nur einen halben Meter hinter mir. Ich wartete, doch nichts geschah. Als ich immer nervöser wurde, drehte ich mich herum, wobei es mir wichtig war, dass es einerseits wie zufällig aussah, andererseits aber schnell genug war, um einen potenziellen Überfall abzuwehren. Als ich die dunkle Gestalt nur wenige Zentimeter vor mir sah, zuckte ich zusammen.

Zwei Monate zuvor:
Wenn man glaubt, noch schlimmer kann es nicht mehr kommen, wird man doch immer wieder eines Besseren belehrt! Da saß ich nun auf der Bettkante meiner dunklen Rosenheimer Dachgeschosswohnung und hielt die Scheidungspapiere in meinen Händen. Die letzte Hoffnung war in diesem Moment von dem unersättlichen Loch unter mir geschluckt worden. Warum nahm es mich nicht gleich mit? Sicher hatte ich Fehler gemacht, wer nicht? Aber war das fair, mir gleich alles zu nehmen? Meine Frau war weg, die Entfernung zu meinen Kindern so groß, dass ich sie nur selten zu Gesicht bekam, und vor einem halben Jahr hatte mein Arbeitgeber Insolvenz angemeldet. Schlimm? Da geht sicher noch etwas, dachte ich in diesem Moment bissig, in meinem Selbstmitleid ertrinkend. Fast schon passend, dass ich von meiner Wohnung aus den Friedhof sehen konnte.

Bevor ich in Depressionen verfiel, wollte ich etwas für mich tun, nicht einfach aufgeben. Ich hatte gehört, dass Sport auch gut für die Psyche wäre, also begann ich mit dem Laufen. Doch schon nach wenigen Metern war ich außer Atem. Ich hätte nicht gedacht, dass ich so unsportlich war, also versuchte ich, härter zu trainieren. Am dritten Trainingstag hatte ich eine kurze Strecke vom Floriansee bis zur Staustufe geplant. In einer Mischung aus Ehrgeiz und Verbissenheit legte ich los – und kippte nach ein paar Hundert Metern um! Als ich wieder zu mir kam, wurde ich gerade mit einer Trage in einen Krankenwagen gehoben. Nach einigen Untersuchungen in der RoMed-Klinik erhielt ich die Diagnose, dass ich zwei verkalkte Herzklappen hatte, die operiert werden müssten. Heutzutage eine Routine-OP, wie mir versichert wurde.

Wieder zu Hause stellte ich mir die Frage, die sich wohl sehr viele Menschen immer wieder stellen: Wozu das alles? Wozu lebe ich? Eine für mich sinnvolle, zufriedenstellende Antwort darauf konnte mir auch keine Religion bieten. Ich hatte einfach Angst vor der Operation. Aber warum? Es war doch völlig egal, ob ich lebte oder nicht. Mich brauchte niemand, vielleicht für ein paar Tage im Jahr meine Kinder. Ich hatte nichts mehr zu erledigen, also konnte ich mich doch auch auf das Ende vorbereiten und sollte keine Angst haben, aber die saß mir trotzdem im Nacken!

Ich kam in ein Zweibettzimmer und lernte einen nur wenige Jahre jüngeren, sehr freundlichen Mann kennen, der sich als Ingo Fuhrmann vorstellte. Seine Ruhe und Selbstsicherheit beeindruckten mich. Ihm stand die gleiche Operation bevor wie mir.

»Angst? Nein!« Ingo schüttelte lächelnd den Kopf. »Ich habe vollstes Vertrauen in die Ärzte hier. Hier würde mir die Angst auch nicht viel nutzen. Ich habe losgelassen und freue mich darauf, wieder zu Hause bei meiner Frau zu sein.«

»Loslassen? Naja, so viel zur Theorie!« Ich erzählte ihm meine Geschichte und war froh, dass sich jemand für mein Leid interessierte. Ich schloss damit ab, dass ich aufgrund dieser Erfahrungen nicht mehr viel Vertrauen in das Leben hatte.

»Sie sind in gewisser Weise lebensmüde, haben aber Angst vor einer Routineoperation? Was kann denn passieren? Doch schlimmstenfalls, dass Ihr Leidensweg endlich endet!«

»Machen Sie sich lustig über mich?«

»Nein, bestimmt nicht! Ihre Angst nehme ich ernst. Aber, dass Sie Ihr Leben satthaben, kaufe ich Ihnen nicht ab.«

Wir waren schnell beim Du und philosophierten bis tief in die Nacht über den Sinn des Lebens und den Alltag, über Psychologie, Spiritualität und Religion. Wann wir schließlich geschlafen haben, weiß ich nicht mehr, aber an das unsanfte Wecken am nächsten Morgen erinnere ich mich noch gut. Ich zog das OP-Hemd an, nahm das Beruhigungsmittel und wartete. Als die Schwester noch einmal hereinkam, fragte ich: »Werden wir gleichzeitig operiert?«

»Gleichzeitig?« Die junge Krankenschwester sah mich fragend an.

»Na, ob ich mit Herrn Fuhrmann gleichzeitig operiert werde?« Dabei deutete ich auf ihn. »Oder kommt er nach mir dran?«

Sie sah mich an, als hätte ich nicht mehr alle Tassen im Schrank. »Haben Sie die Tablette genommen?«

»Ja!«

Sie nickte ernst, blickte beim Hinausgehen zu Ingos Bett, ohne ihn wirklich anzusehen und verließ mit leichtem Kopfschütteln den Raum.

Ich wunderte mich über ihr Verhalten. »Was war das denn?«

»Oh, ich werde schon mal gelegentlich übersehen.« Ingo lachte. »Aber keine Angst, die werden meine OP schon nicht vergessen!«

Schließlich war es so weit. Ich wurde mit dem Bett in den Operationssaal geschoben und dann auf den OP-Tisch umgebettet. Als Letztes vernahm ich noch, wie das Rauschen des Wassers aus dem Hahn immer lauter wurde, dann tauchte ich in das Land der Träume ein.

Ich lief nur in meinem Hemd über eine scheinbar unendliche Wiese. Die Sonne war warm, der Boden unter meinen nackten Füßen feucht und angenehm kühl. Auch Ingo war hier, und wir führten unser Gespräch von der Nacht weiter, ohne dass mir bewusst war, dass ich eigentlich träumte.

»Wie kriege ich mein Leben denn wieder in den Griff?«, fragte ich ihn.

»Bist du bereit, Verantwortung dafür zu übernehmen?«

»Die habe ich doch sowieso!«

»Solltest du, aber du gibst sie ständig ab, besonders wenn die äußeren Umstände sich scheinbar verschlechtern. Obwohl ja niemand weiß, ob das aktuell Unangenehme mittelfristig wirklich etwas Schlechtes ist. Du fällst in ein Energieloch und kommst lange nicht mehr heraus. Dann sind andere oder das Schicksal schuld. Du übernimmst nicht wirklich die Regie deines Lebens, das ist nur ein Wunschdenken!«

Ich wollte protestieren, aber irgendwie war mir schmerzhaft klar, dass er recht hatte. »Was soll ich denn noch machen? Ich habe doch sogar schon ein Seminar für erfolgreiches Leben gemacht.«

»Eine gute Entscheidung, aber in der falschen Reihenfolge. Der Satz ›Lass Deine Vergangenheit hinter Dir‹ ist ganz entscheidend für eine positive Zukunftsgestaltung. Wenn du aber schwerwiegende traumatische Altlasten mit dir herumschleppst, wird dich die Vergangenheit wieder einholen und jeder neue Vorsatz ein täglicher Kampf. Und wenn du dann in gedankliche Diskussionen verfällst, hast du schon wieder verloren. Handelt es sich nur um Glaubenssätze, kann man meist das alte Programm einfach überschreiben. Bei dir heißt aber der erste Schritt, die Altlasten aufzuarbeiten und loszulassen, also eine vorübergehende Reise in die Vergangenheit. Darauf darfst du dich natürlich nicht beschränken, denn schon kommt der zweite Schritt für Gegenwart und Zukunft, nämlich Planungen und Entscheidungen für dein Leben zu treffen.«

Unsere Unterhaltung schien kein Ende zu nehmen. Während wir ganz langsam über die endlose Wiese gingen, wurde mir plötzlich übel. Ich begann zu frieren und fing gleichzeitig an zu schwitzen. »Was passiert mit mir?« Ich ging in die Knie.

»Da läuft gerade etwas schief!« Ingos Gesichtsausdruck war sehr besorgt. Er stellte sich vor mich hin und nahm meine Hände. Ich spürte, wie seine immense Energie durch meinen Körper strömte und mir Kraft gab. Aber gleichzeitig wurde er blasser!

»Was machst du?«, fragte ich verwirrt.

»Es ist alles in Ordnung. Meine Zeit hier geht dem Ende entgegen!«

»Nein! Hör auf, mir geht es doch schon wieder besser!« Ich stand wieder auf und sah ihm in die Augen, doch er wurde immer mehr zu einer nebelhaften Gestalt. Ich spürte seine Hände nicht mehr.

»Noch ein letzter Rat: Wechsel mal hin und wieder die Perspektive und versuche, die Situationen mit den Augen deiner Mitmenschen zu sehen. Einfühlung heucheln mag vielleicht höflich sein, hilfreich ist aber nur, wenn du die Einfühlung auch lebst. Und nun noch ein persönliches Anliegen: Kümmere dich bitte um Stephanie!«

»Welche Stephanie?«

»Stephanie Wagner! Sag ihr, dass ich sie sehr liebe, aber jetzt weitergehe und glücklich bin. Sie soll mich loslassen und ein neues Leben anfangen!« Er kicherte schwach. »Sie ist ein bisschen wie du!«

»Aber ...«

»Und noch etwas: Unter dem Kleiderschrank ist am Schrankboden ein Umschlag für sie aufgeklebt! Leb wohl!«

»Ingo!«

Dann wurde es dunkel, dann wieder hell und bunt, und schließlich wieder dunkel, bis ich um mich herum, neblig und schwankend, eine Art Krankenhauszimmer wahrnahm. Und ich fühlte mich hundeelend. Ich sagte etwas immer wieder, wusste aber nicht, was. Nach erneuter Schwärze vor meinen Augen blickte ich plötzlich in das Gesicht eines Engels: Sie war wunderschön, hatte aber Tränen in den Augen. Dann kam die Finsternis zurück.

Es dauerte mehrere Tage, bis ich das Bewusstsein wiedererlangte. Wie mir später erklärt wurde, hatte mein Leben am seidenen Faden gehangen. Für einen kurzen Moment war ich klinisch tot gewesen, konnte aber zurückgeholt werden. Als es mir etwas besser ging, fragte ich nach Ingo. Nach meinem Traum rechnete ich mit dem Schlimmsten, aber nicht mit dieser Antwort:

»Es gibt keinen Herrn Fuhrmann! Sie waren allein in Ihrem Zimmer. Es wurde auch niemand in dieser Zeit hier operiert.«

Ich sah die Schwester fassungslos an, bis der Chefarzt das Zimmer betrat. »Das ist nur teilweise richtig!«, begann Dr. Breitenbach. »Nach der Operation haben Sie fantasiert und immer wieder Herrn Fuhrmanns Namen, den seiner Frau und etwas von einem Umschlag erwähnt. Also haben wir nachgeforscht. Ingo Fuhrmann wurde exakt vor einem Jahr hier operiert, ist aber leider während der Operation verstorben. Seine Witwe war vor zwei Tagen hier bei Ihnen. Sie hat uns später angerufen und bestätigt, dass es diesen Umschlag tatsächlich gibt! Als Arzt und Wissenschaftler möchte ich dazu jetzt nichts weiter sagen.«

Leider bekam ich nicht die Kontaktdaten von Stephanie Fuhrmann, obwohl ihr Mann mich ja gebeten hatte, mich um sie zu kümmern. Also begann ich mit der Arbeit an mir selbst. Mit Hilfe und Disziplin schien sich etwas in mir zu verändern, auch wenn ich immer wieder strauchelte. Dieses Zurückfallen in alte Verhaltensmuster spürte ich umso schmerzhafter, je näher das Weihnachtsfest rückte. An den einsamen Adventsnachmittagen rückte mein Fokus gerne auf alles, was ich nicht besaß. Und ich schaffte es immer wieder, mich schlecht zu fühlen. Es schien mir manchmal wie eine Sucht, bis ich bewusst meine Opferrolle aufkündigte. Trotzdem stand mein hart erkämpftes, halbwegs gutes Gefühl an Heiligabend auf der Kippe. Ich schaffte es nicht, ohne Tränen allein vor dem Weihnachtsbaum zu sitzen. Also entschloss ich mich, spazieren zu gehen und vielleicht etwas später noch gemeinsam mit vielen anderen in der Sankt-Nikolaus-Kirche zu feiern, auch wenn ich kein Christ mehr war.

Als ich an den vielen Fenstern vorbeiging und die beleuchteten Bäume und strahlenden Kinderaugen sah, spürte ich den Schmerz der Ausgeschlossenheit. Hätte ich irgendwo geklingelt, wäre es mir wahrscheinlich genauso wie Maria und Josef ergangen. Hinter einem Fenster vernahm ich einen heftigen Familienstreit, der mir glücklicherweise erspart geblieben war, aber um welchen Preis? Mein Weg führte mich weiter über den Weihnachtsmarkt auf dem Sankt-Josef-Platz. Die Beleuchtung strahlte zwar eine gewisse Geborgenheit aus, aber die menschenleeren Gassen und geschlossenen Stände gaben dem Schmerz der Einsamkeit neue Macht. Bis zur vollständigen emotionalen Heilung war es wohl noch ein weiter Weg.

Dann stand ich vor dem Friedhof. Eigentlich durfte man ihn nach Einbruch der Dämmerung nicht mehr betreten, aber ich spürte das starke Bedürfnis, ein bestimmtes Grab zu suchen. Als wäre ich schon einmal hier gewesen, steuerte ich geradewegs auf die gesuchte Stelle zu. Als ich vor dem Stein stand, war der Name durch das schwache Licht kaum noch zu erkennen: Ingo Fuhrmann. Ich bekam eine Gänsehaut und hatte das Gefühl, er wäre direkt bei mir, als würde ein liebender Geist sanft über meine Arme streichen. Aber ich spürte noch eine weitere Präsenz, die sich mir von hinten näherte! Ein leises Knirschen kleiner Steinchen gab mir Gewissheit: Jemand stand jetzt unmittelbar hinter mir! Ich spannte mich kurz an, doch die Geborgenheit, die von dem Grab ausging und mich scheinbar eingehüllt hatte, beruhigte mich wieder. Als nichts weiter passierte, drehte ich mich um und versuchte, es zufällig aussehen zu lassen.

Das Gesicht unter der Kapuze war nicht zu erkennen, aber ich wusste auch so, wer vor mir stand. »Was war in dem Umschlag?«

Stephanie zog ihre Kapuze zurück. War es der Regen, oder hatte sie geweint?

»Ein Brief. Es standen ein paar Dinge über ihn darin, die ich nicht gewusst hatte. Am Ende schrieb er, dass ich heute Nachmittag hierherkommen sollte! Und es stand Ihr Name dabei!« Sie lächelte und ergriff meine Hand. Feine Schneekristalle fielen in ihr dunkles Haar. Als wir uns nach einer ganzen Weile endlich wieder in Bewegung setzten, knirschte bereits der Schnee unter unseren Sohlen.

Glücklich statt perfekt

Heike Holz

Angela ist unterwegs zu einem Coaching-Termin mit einer neuen Klientin. Treffpunkt ist der Samerberg, wo Angela eine schöne Wanderstrecke kennt, zu der sie die Frau eingeladen hat. Ein erstes Kennenlernen in ganz zwangloser Atmosphäre.

Während sie über das Telefonat mit der Frau nachgrübelt, gleitet die Landschaft an ihr vorbei. Aus ihrem Auto betrachtet sie versonnen »ihre« vertrauten Berge, die mit jedem Kilometer näherrücken. Ihr Tempo wird langsamer, wenn sie durch die bezaubernden kleinen Dörfchen des Gebietes um den Samerberg fährt. Sie genießt diesen besonderen, urbayerischen Charme von Törwang mit seiner Aussichtskapelle, von der aus man Rosenheim und sogar den Simssee sehen kann. Immer wieder begeistert sie diese Landschaft in der oberbayerischen Alpenwelt. Und selbst jetzt, Anfang Dezember, sind die Berge und die Wiesen unter dem strahlend blauen Himmel zauberhaft schön – ja, sie animieren regelrecht dazu, sich gerne in der Natur bewegen zu wollen.

Ihre Gedanken kreisen um die neue Klientin. Sie hatte so verzweifelt geklungen, in kurzen, abgehackten Sätzen erzählt, dass ihr Leben von einem Tag auf den anderen nur noch ein Trümmerhaufen sei. Ein

Freund habe ihr geraten, Hilfe zu suchen und ihr den Kontakt vermittelt. So viel Schmerz hatte in der Stimme gelegen, dass Angela spontan beschloss, sich mit ihr zu treffen. Nach ihrer Sachkenntnis ist es immer ein Hilfeschrei, wenn eine wildfremde Person ohne Punkt und Komma von ihrer Lebenssituation berichtet.

Als Angela auf den Parkplatz in Grainbach fährt, wartet die Klientin schon ungeduldig auf sie. Eine perfekt gestylte Frau mit perfekt sitzender Frisur, Designerkleidung und manikürten Fingernägeln. *Alles etwas zu perfekt,* denkt Angela, als sie ein freundliches Lächeln aufsetzt und der Frau die Hand entgegenstreckt. »Hallo, ich bin Angela!«, stellt sie sich vor. Sie bietet den Vornamen an, um die Situation aufzulockern.

Etwas verlegen streicht die Dame eine Locke ihres Haares nach hinten, ergreift unsicher die Hand und versucht ebenfalls ein Lächeln. »Ulrike!« Ihre Lippen zittern, als würde sie gleich in Tränen ausbrechen.

»Wollen wir ein bisschen gehen?«, bietet Angela an.

Ulrike nickt geistesabwesend. Sie ist so von Sorgen gequält, dass sie in diesem Moment die schöne Natur gar nicht wahrnimmt. Angela zeigt mit einer weiten Bewegung ihrer Hand in die Landschaft. »Schön hier, nicht wahr? Das ist einer meiner Lieblingsplätze.«

Ulrike sieht sich zum ersten Mal um, dabei ist sie schon vor Angela hier eingetroffen. Wieder kommt dieses zögernde Nicken. »Hmh.«

Angela führt Ulrike über die herbstlichen Wiesen und lässt die Landschaft auf die Frau wirken. Sie lächelt, als Ulrike nach einer Weile tiefer einatmet und sich zu entspannen scheint.

Sie ist diese weite Runde über die Kräuterwiese und die Käseralm am Fuße der Hochries schon unzählige Male gegangen und hat dabei die Erfahrung gemacht, dass Menschen viel leichter ihre Probleme und Fragen bei einem Spaziergang besprechen können. Der Mensch als Teil der Natur kann sich in der Umgebung von Feldern, Wiesen, Bäumen, Blumen, Bachläufen und den Bergen wunderbar öffnen. Hier findet jeder schnell in seinen ganz persönlichen Rhythmus, und die Gedanken, Worte und Ideen fließen wie von selbst. Also wesentlich zielführender und wirksamer, als wenn sie mit den Klienten in einem geschlossenen Raum spricht, wo diese unbewegt auf einem Stuhl sitzen.

»Sie haben am Telefon erwähnt, dass Ihr Leben gerade auseinanderbricht. Möchten Sie mir ein bisschen davon erzählen?«

»Ach!« Ulrike entweicht ein gequältes Stöhnen. »Ich weiß gar nicht, wo ich anfangen soll!«

Angela wirft ihr einen aufmunternden Blick zu. »Vielleicht von vorne? Oder bei dem, was Sie am meisten belastet?«

In Ulrikes Augen treten Tränen, als sie das Unfassbare ausspricht. »Herrje, ... mein Mann hat mich verlassen!« Sie zögert kurz, doch dann bricht es aus hier heraus. »Wegen einer Jüngeren. So einem jungen Ding!« Sie klingt völlig verzweifelt und sucht mit ihren Augen um Unterstützung. »So eine ganz Unmögliche! Die hat nicht mal einen anständigen Beruf – sie macht nur so etwas Esoterisches: Yoga- und

Pilates-Kurse. Und meditieren tut sie. Räucherstäbchen zündet sie sich dabei auch an.« Ihr Tonfall ist abwertend, doch Angela lässt sie weiterreden, weil sie spürt, dass Ulrike sich erst einmal die angestaute, schwere Last von der Seele reden muss.

»Und stellen Sie sich vor: Die Lebensgewohnheiten von dieser Person sind äußerst fragwürdig – sie isst kein Fleisch und mag auch keine Milchprodukte. Sie ist so eine richtige ›Alternative‹, die einfach das macht, was ihr in den Sinn kommt. Sie hat keine Lebensstruktur und keinen Lebensstil. Außerdem bindet sie ihre Haare einfach nur schlampig zu einem Zopf zusammen – also nicht mal frisieren kann sie sich richtig, wie es sich gehört. Ihre Kleidung ist unmöglich, Leggings, Jogginghosen, T-Shirts, Schlabberpullis – das passt doch gar nicht zu meinem Mann.«

Angela hebt leicht die Augenbrauen. »Und warum nicht?«

Ulrike pfeift entrüstet durch die Zähne. »Also wirklich! Mein Mann arbeitet in leitender Funktion in einem IT-Unternehmen! Er geht mit Anzug und Krawatte in die Firma, und als Feinschmecker legt er – legen wir beide – wirklich Wert darauf, schön essen zu gehen. Was soll denn nun dieser Blödsinn mit vegan ...« Ulrikes Gesprächsfluss bricht ab. Ratsuchend und hilflos schaut sie Angela aus großen, fast schon ängstlichen Augen an.

Angela erwidert den Blick. Er drückt Mitgefühl aus und scheint bis ins Herz, bis in die Seele von Ulrike zu gehen. Sie erkennt, wie sehr die letzten Wochen Ulrike gezeichnet haben. Trotzdem bietet sie nun eine gewisse Professionalität an, denn diese

Wanderung soll zielführend sein. »Sie haben eine recht lange Anreise für unseren Termin auf sich genommen. Was wünschen Sie sich von unserem Gespräch? Haben Sie darüber nachgedacht?«

Ulrike reagiert sichtlich irritiert und überrascht. Sie überlegt einen Moment, bevor sie zögernd antwortet: »Natürlich ist mir bewusst, dass Sie mir nicht meinen Mann zurückbringen können. Doch warum muss dieses Drama ausgerechnet mir passieren? Ich habe immer versucht, alles richtig zu machen. Ich pflege mich tadellos, gehe regelmäßig zum Friseur und zur Kosmetikerin, gehe zur Maniküre, Pediküre – also das volle Programm. Ich habe mich sogar schon mit dem Gedanken an eine Schönheitsoperation angefreundet, seit ich die ersten Falten in meinem Gesicht entdeckt habe.«

Angela erkennt unschwer an der Art der Schilderung, dass Ulrike dies alles nicht aus freien Stücken tut, sondern um eine Rolle auszufüllen: die der perfekten Ehefrau!

Ulrike nimmt ihr Schweigen als Aufforderung zum Weitererzählen: »Immer habe ich meinen Mann unterstützt! Ich habe ihm alle Steine aus dem Weg geräumt, damit er Karriere machen konnte. Ich habe ihm maßgeschneiderte Anzüge besorgt, handgenähte Schuhe gekauft, ihm Termine bei einem Starfriseur besorgt und sogar ein Knigge-Seminar für ihn gebucht. Und nun das! Wie kann er mir das antun? Oder den Kindern? Denkt er denn gar nicht daran, was er ihnen damit antut?«

»Wie alt sind denn Ihre Kinder?«, fragt Angela. Hier geht es also nicht nur um eine verlassene Ehefrau, sondern in die Ehekrise wurden noch mehr Menschen hineingezogen. Ein Umstand, der besonders schmerzhaft und schwierig ist.

Ulrike schnieft kurz. »Ja, wir haben zwei Kinder! Es sind eigentlich schon Teenager. Sie sind so toll! Sie sind im Gymnasium.«

»Und geht es ihnen dort gut?«, erkundigt sich Angela.

Ulrike macht eine fahrige Bewegung mit der Hand. »Aber ja! Sie haben gute Noten. Sie lernen leicht. Sie haben sogar noch Zeit für ihre Musik und ihren Sport.« Mit einem unterdrückten Schluchzen in der Stimme versucht sie vergeblich, gefasst zu klingen: »Und genau jetzt, vier Wochen vor Weihnachten, eröffnet mir mein Mann, dass er uns wegen dieser anderen Frau verlassen will. Ich fühle mich, als würde eine Welt für mich zusammenbrechen. Ich, die immer geglaubt hat, alles gut zu machen, stehe plötzlich alleine da. Einsam und verlassen.«

»Oje, und das so kurz vor Weihnachten! Da ist es besonders schlimm, nicht wahr?«

»Was soll ich denn nur machen? Meine Eltern wissen noch gar nichts von der Trennung! Sie kommen Weihnachten immer zu Besuch. Ich weiß gar nicht, wie ich ihnen das sagen soll.«

»Da bricht wirklich eine heile Welt zusammen«, hilft Angela, die richtigen Worte zu finden.

»Ja, besonders Weihnachten war bei uns immer so schön. Wir haben es richtig inszeniert. Jeder hatte seine Rolle! Ich habe ein tolles Menü gekocht und das ganze Haus wunderschön geschmückt. Mein Mann hat etwas vorgetragen, und die Kinder haben auf ihren

Instrumenten gespielt. Auch für dieses Jahr haben sie schon geübt ...« Wieder bricht sie ab, als sie das heulende Elend überkommt. »Alles war doch so perfekt!«

Angela führt Ulrike ein Stück durch den Wald. Die letzten Blätter sind schon von den wenigen Laubbäumen gefallen, und ihre kargen Zweige strecken sich krumm und verästelt dem Himmel entgegen. Dazwischen stehen die hohen Fichten in ihrem dunklen Grün. Es ist still, als sie schweigend den Weg entlangwandern. Hier ist nichts perfekt. Äste liegen kreuz und quer am Boden. Büsche und Ranken wuchern, wo es ihnen gefällt. Und gerade das macht diesen besonderen Reiz aus. Perfektion lässt keinen Spielraum für Spontaneität. In ihrem Versuch, perfekt zu sein, hat ihre Klientin vergessen, was es heißt, zu leben. Angela hatte das auch schon bei anderen Klienten erlebt: Eine Rolle wurde so lange gespielt, bis den Menschen die Luft zum Atmen fehlte. Wahrscheinlich hatte Ulrikes Ehemann genau dies gespürt. Die Trennung war lediglich der Versuch, dieser starren Situation zu entkommen und keine Erwartungen mehr zu erfüllen. »Mir kommt bei dem, was Sie so berichten, eine Geschichte von einem Baum in den Sinn, die ich Ihnen gern erzählen möchte.«

»Okay?« Ulrike schaut sie mit erwartungsvollen Augen an.

Angela weiß, dass manchmal eine einfache Geschichte oder ein Gleichnis viel direkter das Unterbewusstsein und Herz des Menschen erreicht als eine Analyse seines Problems. Bei einer sachlichen Erklärung zweifelt der Verstand sofort und sucht Gegenargumente. Eine Geschichte dagegen spricht die Sinne an und lädt zum Nachdenken und Hineinfühlen ein. Beim Anblick der Bäume, die so wenig perfekt schienen, war ihr eine Geschichte in den Sinn gekommen, die vielleicht besser erklären konnte, wo eigentlich das Problem lag.

»Ein Mann und eine Frau haben gerade ein schönes Haus gebaut und ihren Garten angelegt ...«, beginnt sie vorsichtig. Kurz fühlt sie sich in die Stimmung von Ulrike hinein, doch die hört einfach nur zu, während sie einen Fuß vor den andern setzt. Angela deutet mit ihrer Hand auf den Wald. »Dort pflanzten sie auch einen Baum. Einen richtig schönen Laubbaum. Der Baum wuchs gut in die Erde ein, erfreute sich an der Sonne, und seine zarten Äste und Blätter genossen die wärmenden Strahlen. Der Platz in dem Garten war für den Baum einfach wunderbar, und so freute er sich, auf der Welt zu sein und zu wachsen.

Der Baum wurde größer und höher, er reckte sich immer weiter der Sonne entgegen. Er fühlte den Wind und spürte den Regen, er genoss die warme, feste Erde um seine Wurzeln herum und war richtig glücklich. Und wenn der Mann und die Frau nach ihm schauten, ihn mit Wasser tränkten und ihn einen schönen Baum nannten, fühlte er sich besonders wohl. Er spürte, dass er gepflegt und beschützt wurde und dass man ihn lieb hatte – so wuchs er zufrieden vor sich hin und genoss sein Leben.

Dann merkte der Baum, dass es noch schöner war, etwas weiter nach links zu wachsen, denn da schien die Sonne noch intensiver auf seine Blätter – also wuchs er nach links.

Als die Frau dies bemerkte, meinte sie zu ihrem Mann: ›Der Baum wächst schief – das mag ich gar nicht. Bitte schneide den Baum so, dass er wieder gerade wächst.‹ Also schnitt der Mann dem Baum genau die Äste ab, die der Sonne am nächsten waren. Da weinte der Baum! Genau die Menschen, denen er bisher vertraut hatte, taten ihm so etwas an. Er konnte es nicht begreifen, denn er hatte gedacht, dass diese Menschen ihn doch lieb hatten.

Sie hatten ihn auch lieb. Auf ihre Weise. Der Mann und die Frau meinten jedoch, ein Baum müsse gerade wachsen, ansonsten wäre er falsch. Die Frau war nun wieder ganz glücklich und meinte zum Mann, wie schön doch der Baum sei, wie er so gerade und gleichmäßig nach oben wachse.

Der Baum begann zu verstehen. Wenn er machte, was ihm Freude bereitete, dann war er ein böser Baum. Er wurde nur geliebt, wenn er tat, was der Mann und die Frau von ihm erwarteten.

Der Baum wuchs und wuchs – er wollte schließlich geliebt werden. Doch eines Tages sagte dann der Mann: ›Unser Baum wächst viel zu schnell in die Höhe, ein Baum muss langsam wachsen.‹

Also wurde der Baum wieder beschnitten – dieses Mal stutzten sie ihm die Äste, die hoch nach oben herausragten. Sehr lange weinte der Baum, denn er verstand die Welt nicht mehr. Jeden Drang, sich zu entfalten, wollten sie ihm austreiben.

Jetzt wurde der Baum trotzig – wenn er schon nicht in die Höhe wachsen durfte, dann halt in die

Breite. Schließlich wollte er einfach nur wachsen, die Sonne, den Wind und die Erde spüren, Freude haben und Freude bereiten. Er spürte ganz deutlich in sich, dass das Wachsen etwas ganz Wichtiges war. Also wuchs er in die Breite.

Als das die Frau sah, wandte sie sich abermals an ihren Mann: ›Wir haben nur Ärger mit unserem Baum, jetzt wächst er einfach so in die Breite. Wir müssen ihn wieder beschneiden und zurechtstutzen.‹

Der Baum hatte keine Tränen mehr, er hörte einfach auf, zu wachsen. Das Leben machte ihm keine Freude mehr. Der Frau und dem Mann gefiel das, doch der Baum kümmerte dahin.

Viele Jahre später – der Baum war inzwischen erwachsen, und der Mann und die Frau waren richtig stolz auf ihren perfekten Baum – kam ein kleines Mädchen mit ihrem Vater an dem Garten vorbei. Es blieb an dem Baum stehen und meinte nachdenklich: ›Schau mal, Papa, meinst du nicht auch, dass der Baum sehr traurig aussieht?‹

›Ich weiß nicht‹, meinte der Vater, ›als kleiner Bub konnte ich noch sehen, ob ein Baum oder eine Blume glücklich oder traurig war, doch heute habe ich keinen Blick mehr dafür.‹

Voller Mitgefühl betrachtete das Mädchen den Baum: ›Ich glaube, er wollte ganz anders wachsen, nicht so perfekt und schnurgerade.‹

›Vielleicht‹, antwortete der Vater nach kurzem Schweigen versonnen, ›aber wer kann schon so wachsen, wie er will?‹

Da meinte das Mädchen: ›Warum denn nicht? Wenn man einen Baum wirklich lieb hat, dann kann man ihn doch auch wachsen lassen, wie er selber will. Er tut doch niemandem etwas zuleide.‹

Nachdenklich musterte der Vater seine Tochter und meinte: ›Weißt du, keiner darf so wachsen, wie er will, weil sonst die anderen merken würden, dass auch sie nicht so gewachsen sind, wie sie eigentlich mal wollten.‹

Der Baum hatte die Worte sehr wohl gehört. Er erinnerte sich an seine längst vergessene Jugend und fing hemmungslos an zu weinen.

Dem Mädchen ging der traurige Baum nicht aus dem Sinn. Es konnte in der Nacht nicht schlafen, so sehr berührte sein Schicksal es. Am nächsten Morgen fragten die Eltern, was los sei. Da erzählte es unter Tränen von seinem Kummer über den armen Baum, und die Mutter nahm die Tochter auf den Arm, streichelte und tröstete sie liebevoll, bis sie sich allmählich beruhigte.

Schließlich dachte das Kind sich: *Wenn es mir so guttut, in den Arm genommen, gestreichelt zu werden und mich geliebt zu fühlen, dann geht es dem Baum ganz bestimmt auch so.* – So lief sie schnurstracks zu dem Baum, berührte ihn ganz zart und sagte: ›Du, ich spüre, dass du traurig bist. Ich habe dich ganz lieb. Ich halte zu dir, gib nicht auf.‹

Der Baum konnte es gar nicht fassen, dass ihn jemand so zärtlich berührte und so sanft mit ihm sprach. Er schüttelte seine Krone im Wind, um sicher zu sein, dass er nicht träumte.

Das Mädchen besuchte den Baum von jetzt an jeden Tag. Es berührte ihn, umarmte ihn, streichelte ihn und erzählte ihm, wie lieb es ihn habe. Und der Baum fühlte sich von Tag zu Tag besser, spürte eine wachsende Freude in sich. Wer genau hinsah, der konnte erkennen, wie sich die Rinde des Baumes veränderte, farbiger und lebendiger wurde.

Der Mann und die Frau, die einst den Baum gepflanzt hatten, lebten ihr Leben korrekt und äußerlich perfekt, jedoch auch stumpf und freudlos vor sich hin. Alles hatte seine Ordnung, doch zogen sie sich oft zurück und waren einsam. Den Baum hatten sie längst vergessen, so wie sie auch vergessen hatten, was Lachen und Freude bedeuteten.

Schon seit einigen Tagen beobachteten sie das merkwürdige Treiben des Mädchens, bis sie es einmal abpassten und fragten, was es da Komisches mache. Als das Mädchen mit der Wahrheit herausrückte und von der Traurigkeit des Baumes erzählte, und dass es ihm jetzt schon viel besser ginge, hielten der Mann und die Frau das zuerst für verrückt. Doch sie schauten weiterhin tagelang verstohlen zu, wie das Mädchen mit dem Baum redete, bis sie ihm wieder einmal im Garten begegneten.

›Der Baum ist so traurig, weil ihr ihn zu sehr gestutzt und beschnitten habt und weil er nicht frei wachsen durfte‹, erklärte es.

›Wir haben es gut gemeint, wir dachten, das sei richtig so‹, sagte die Frau.

›Ihr habt es sicher gut gemeint, doch schaut euch den Baum einfach an, dann seht ihr sein Leid!‹ Mit diesen Worten ließ das Mädchen die beiden alten Leute stehen.

Der Mann und die Frau nahmen sich die Worte des Mädchens zu Herzen, ihnen fehlte zwar der Mut, den

Baum ebenfalls zu streicheln, doch ließen sie ihn von nun an einfach wachsen.

Gemeinsam erlebten sie, wie der Baum zuerst zurückhaltend, doch dann immer mutiger zu wachsen begann. Kraftvoll und voller Lebensfreude wuchs er zuerst schief nach unten, dann ging er in die Breite, als wolle er die ganze Welt umarmen. Danach wuchs er in die Höhe, zeigte voller Glück seine ganze, wahre Größe.

Noch etwas Wunderbares geschah: Das Mädchen erlebte, wie sich auch der Mann und die Frau veränderten. Beiden erging es ähnlich wie dem Baum – sie wirkten plötzlich wieder lebendiger und jünger. Sie erkannten, dass sie in der Vergangenheit einiges falsch gemacht hatten, doch wollten sie den Rest ihres Lebens voller Freude, Freiheit und Glück erleben. Denn genau das sei das Leben, so sagten sie sich. Leben bedeute nicht, sich selbst und andere ständig zu beschränken, alles korrekt und perfekt leben zu müssen. Im Gegenteil: Das Leben sei Liebe.

Ja, der Baum wurde für viele, die an ihm vorbeigingen, ein Vorbild. Er wurde bewundert und bestaunt, wie schief, wild und fröhlich er gewachsen war. Als regelrechtes Sinnbild machte er allen Mut, ihr Leben voller Lust, Liebe und Lebendigkeit zu verbringen.«

...

Angela bleibt stehen und nimmt Ulrike wie ein kleines Kind an die Hand. Tröstend, aber auch ermutigend drückt sie die Hand und lässt dann wieder los. Ulrike schluckt schwer, und ein paar Tränen rinnen ihr die Wangen hinunter. Sie braucht einige Minuten, um sich zu sammeln, dann beginnt sie zögernd zu sprechen: »Ich habe so vieles falsch gemacht. Auch ich dachte, dass es richtig sei ... Ich wollte doch für alle nur das Beste. Und jetzt ist es zu spät. Jetzt habe ich meinen Mann verloren. Wahrscheinlich wollte er unser Leben gar nicht so perfekt!«

Angela nickt vorsichtig. »Wenn man perfekt ist, engt das ein. Es ist wie ein Gefängnis. Aber das Leben ist ein ständiges Lernen und Erkennen. Genauso, wie es für die beiden alten Leute nicht zu spät war, ist es auch für Sie nicht zu spät. Auch Sie können ab sofort Ihrem Leben eine neue Richtung geben.« Sie lächelt. »Und wie diese neue Richtung aussieht, das entscheiden Sie! Sie überlegen sich, was Ihre ersten Schritte sind, was Sie in den nächsten Wochen anpacken, wie Sie Weihnachten verbringen, was Sie Ihren Eltern sagen – und vor allen Dingen: Was Sie in Ihrem Leben verändern wollen.«

Mit unsicherer Stimme entgegnet Ulrike: »Ich fühle mich so unwissend ... wie ein Baby, das nicht laufen kann. Ich weiß nicht, was ich am besten verändere und wie ich das angehen soll.«

»Sie sind nicht alleine. Genauso wie ein Baby nicht alleine laufen lernt, sondern die Mutter ihm die Hände reicht, bis es selbstständig gehen kann, genauso können wir beide Ihren Weg anschauen. Genau dafür bin ich ja da. Wir können uns ansehen, wie Sie früher Entscheidungen getroffen haben und was die Ursachen dafür waren. Verhalten ist erlernt und daher veränderbar, wenn man nur will.«

Inzwischen sind die beiden wieder am Parkplatz angelangt, und Angela begleitet Ulrike zu ihrem Auto. »Das war bestimmt anstrengend für Sie! Sie sind durch einen tiefen Prozess gegangen. Das darf Ihre

Seele jetzt erst einmal verarbeiten. Wir haben ja in drei Tagen unseren nächsten Termin. Schreiben Sie doch Ihre Gedanken, die Ihnen in den nächsten Tagen in den Sinn kommen, einfach auf, damit wir daran anknüpfen können.«

Ulrike nickt tapfer. Unentschlossen steht sie neben ihrem Auto. »Ich habe bei meinem Mann so viel falsch gemacht!«, gesteht sie ehrlich.

Angela lächelt. »Vielleicht kommt er ja mal mit?«

Ulrike schüttelt sich. »Bestimmt nicht! Ein Manager! Überlegen Sie mal!«

Angela antwortet mit einem herzhaften Lachen. »Sie ahnen gar nicht, wie viele Manager meine Hilfe in Anspruch nehmen! Nein, ich denke, dass Ihr Mann genauso in Not ist. Wahrscheinlich will er gar keine perfekte Frau an seiner Seite! Er will eine Partnerin. Er will leben und Spaß haben.«

»Meinen Sie wirklich?«

»Ja, und wenn bei Ihnen wieder der Perfektionismus ausbricht, dann denken Sie einfach an den Baum!«

»Oje!« stöhnt Ulrike ehrlich entsetzt. »Mit seinem Umfang und knorriger Rinde?«

»Auch das gehört zum Leben dazu.«

»Mit Falten?«

»Lachfältchen!«, korrigiert Angela ihre Klientin. »Die machen Sie nämlich sehr sympathisch.«

»Oje, da muss ich aber noch viel lernen!« Wieder füllen sich ihre Augen mit Tränen.

Angela schüttelt ihr zum Abschied herzlich die Hand. »Wir sehen uns wieder in drei Tagen!«, meint sie aufmunternd.

»Okay!«

Angela sieht zu, wie Ulrike in ihr Auto einsteigt. Kurz hebt sie die Hand, als das Auto an ihr vorbeirollt. Ulrike winkt ebenfalls zum Gruß. Es ist ein gutes Zeichen, denn es zeigt, dass sie ihre Umwelt wieder wahrnimmt. *Ja, es ist ein Erfolg versprechender Spaziergang gewesen,* denkt Angela erleichtert. Sie ist froh, dass die Geschichte so gut gewirkt hat. Ganz unaufdringlich und doch Augen öffnend.

...

Dieses Gespräch fand vor gut einem Jahr statt. Ulrike kam rund zehn Mal innerhalb von vier Monaten zu Angela. Sie arbeiteten viel aus Ulrikes Vergangenheit auf: Wie es überhaupt zu ihrem Verhalten, zu ihrem extremen Perfektionismus und ihren negativen Glaubenssätzen gekommen war. Und dann geschah doch ein kleines Wunder, denn Ulrikes Mann kam zuerst alleine, dann zusammen mit Ulrike zu einem Gespräch mit Angela.

Ein steiniger Weg lag vor den beiden, doch er wurde getragen von der Liebe, die sie einst zusammengeführt hatte. So haben Ulrike und ihr Mann alte und neue Gemeinsamkeiten entdeckt und gelernt, ihre Unstimmigkeiten in gegenseitiger Achtung zu besprechen. Ihr Leben wurde etwas verrückter, nicht mehr so perfekt, dafür umso lustiger mit mehr Genuss und Freude.

An einem warmen Sommertag erzählt Ulrike dann bei einer weiteren Wandertour mit strahlenden Augen, wie erleichtert die Kinder seien, dass sie wieder als Familie zusammenleben.

»Und wie geht es Ihnen?«, erkundigt sich Angela.

»Super!«, meint Ulrike voller Enthusiasmus. »Ich habe einen Kochkurs für veganes Essen besucht. Einfach nur so! Und im Sommer trage ich eine Tunika ... ohne BH!«

»Oh?« Da muss selbst Angela kichern. Ganz kurz zuckt in ihr der Gedanke auf, ob Ulrike wohl wieder nur eine Rolle spielt, aber dann sieht sie das fröhliche Lachen ihrer Klientin. Offen und frei.

...

Besonders gefreut hat sich Angela anschließend über die Weihnachtskarte aus Fuerteventura, die sie von Ulrike erhalten hat. Unterschrieben haben Ulrike, ihr Mann und die beiden Kinder – plus ein X. Wer das wohl sein mag?

Und zum Schluss noch ein Lied

Das Märchen von den Weihnachtsrosen

Es wächst eine Rose, die niemals verblüht,
genährt von der Liebe, die's einmal nur gibt.
Sie wird mit den Wünschen des Herzens gehegt,
und mit Gold'nen Träumen der Seele gepflegt,
und lebt von der Treue bis über den Tod.
Doch Hoffnung auf Leben, das ist ihr Gebot.

Vor Hunderten von Jahren, da hat er sie geliebt,
sie war das schönste Mädchen, das es auf Erden gibt.
Als dann der König sagte: »Zieh fort in's Heil'ge Land,
wenn du als Held zurückkommst, bekommst du ihre Hand«,
ging er mit schwerem Herzen zu seinem Mädchen hin,
und sagt': »Es blühen Rosen, wenn ich wieder bei dir bin«:

Das Märchen von den Weihnachtsrosen –
erzählt uns auch noch heut,
von einer großen Liebe,
aus einer fernen Zeit.

An einem Weihnachtsabend, da herrschte strenger Frost.
Als alle fröhlich waren, fand sie im Garten Trost.

Sie schaute nach den Rosen, fand sie in Blüte steh'n,
und hinten, aus der Ferne, hat sie IHN kommen seh'n.
Als Zeichen, dass die Liebe von beiden stärker war,
blüh'n auch im Winter Rosen, zu Weihnacht' jedes Jahr.

Das Märchen von den Weihnachtsrosen –
kann jeder gut versteh'n,
denn Treue, Glaube, Hoffnung,
werden niemals untergeh'n.

Im Herzen zählen Werte,
sie zählen auch noch heut,
und formen unser Leben,
auch noch in ferner Zeit.

Das Märchen von den Weihnachtsrosen –
kann jeder gut versteh'n,
denn Treue, Glaube, Hoffnung,
werden niemals untergeh'n.

Renate Stautner

Die Rosenheimer Autoren

Wir sind schon eine illustre Truppe:

Gisela Rieger schreibt kurzweilige und hintergründige Geschichten, die berühren und lange nachhallen. Ihre fünf veröffentlichten Bücher sind bunte Schatztruhen von inspirierenden Geschichten und Weisheiten fürs Herz (»Geschichten, die dein Herz berühren«).

Doris Strobl veröffentlichte ihren ersten Roman 2012 im Rosenheimer Verlagshaus. Neben historischen Romanen (»Das Wunder von Frauenchiemsee«) schreibt sie gerne über Familienschicksale, in denen sich Geschehnisse aus Vergangenheit und Gegenwart miteinander verweben (»Hoffnung auf das große Glück«).

Miriam Geimer versuchte sich schon als Kind im Schreiben. Ihr erstes Buch ist ein Entwicklungsroman, den sie 2017 im Lauinger Verlag veröffentlichte. In ihrem Debüt-Roman »Glück stand nicht zur Debatte« spiegelt sich auch ihre große Liebe zum Reisen wider.

Luzi van Gisteren möchte ihren Lesern ein Lächeln ins Gesicht zaubern. Das Motto ihrer Krimikomödien: »Nur durch Humor kommen wir zum Happ End.« Die Autorin ist Betriebswirtin, arbeitet im Online-Marketing und hat »Kreatives Schreiben für Jugendliche« unterrichtet. Luzi van Gisteren ist das Pseudonym der Schriftstellerin. Leser beschreiben ihre Humorkrimis (»Nonnas goldener Hochzeitsfall«) als »amüsant, ein bisschen schräg, aber teuflisch gut«.

Anna-Lena Fogl schreibt Western (»Prärieherz«). »Du brauchst auch mal frische Luft für dein Gehirn«, war einer von vielen Sätzen, den sie als Kind und Jugendliche oft zu hören bekam. Nicht selten vergaß sie sich völlig in ihren kreativen Projekten, und Essenzielles wie Schlafen oder Essen wurde da schon einmal zweitrangig. Die Liebe zu Pferden hat sie zum Glück vor einer akuten Sauerstoffunterversorgung bewahrt und gleichzeitig ihre Ideenwelt unentwegt beflügelt.

Monika Nebl bedient gleich zwei Genres: Unter dem Fantasy-Pseudonym **Ainoah Jace** (»Die Traumwandlerin«) lässt sie tapfere Menschen gegen Ungerechtigkeit in fremden Welten kämpfen, als **Katie S. Farrell** schreibt sie Romantikthriller, in denen Liebe und Hoffnung trotz schwerer Schicksalsschläge von großer Bedeutung sind (»Magnolia, Zauber des Südens«).

Kerstin Groeper schreibt meist authentische, historische und zeitgenössische Romane über Indianer. Ihrem ersten Buch »Kranichfrau« folgten »Die Feder folgt dem Wind« und weitere. Inzwischen verfasst sie auch Kinderbücher oder, zur Abwechslung, Krimis, die in der Toskana handeln.

Horst Berger ist bekannt für moderne Märchenadaptionen und andere Kurzgeschichten. Zudem hat er zwei Bücher veröffentlicht, die sich in der Hauptsache mit Problemen junger Menschen beschäftigen (»Bennis Schwur« und »Wer braucht jetzt einen Weihnachtsbaum?«).

Rüdiger Lehmann ist Journalist und Autor. Als Texter arbeitet er in den Bereichen Marketing und Werbung, verfasst Drehbücher für Image- und Werbefilme sowie On- und Offline-Beiträge für Fachpublikationen. Als Ghostwriter schreibt er Fach- und Sachbücher im gesellschaftlich/philosophischen Bereich sowie fiktionale Belletristik in eigener Sache. Gemeinsam mit seiner Frau Sonja Lehmann gibt er Kurse für kreatives Schreiben.

Peter Brand ist Autor von spannenden Rosenheim-Krimis (»Der Schwan ist tot«). Viele seiner Kurzgeschichten wurden in Anthologien und Literaturzeitschriften national und international veröffentlicht.

Johanna Furch belegte nach einer wirtschaftlichen Ausbildung den Kurs »Kreatives Schreiben« an der Schule des Schreibens und absolvierte den Master-Studiengang »Literarisches Schreiben und Kulturjournalismus« an der Akademie Faber-Castell. Wenn sie nicht gerade mit ihren Romanfiguren mitfiebert oder -leidet, ist ihre zweite große Leidenschaft die Musik.

Tobias Fischer lebt und schreibt im Rosenheimer Umland. Schon in seiner Jugend war er im privaten Bereich schriftstellerisch tätig und unterhielt Freunde und Familie immer wieder mit actiongeladenen Science-Fiction-Geschichten. Über seine großen Vorbilder J. R. R. Tolkien und Joanne K. Rowling fand er schließlich seine Liebe zur fantastischen Literatur. »Veyron Swift und das Juwel des Feuers« war sein Erstlingswerk, dem weitere Bände folgten.

Sonja Lehmann schreibt als »Wortmalerin« Kurzgeschichten und verfasst Texte für traditionelle und soziale Medien. In emotionaler Sprache und visuellen Texten kommuniziert sie Botschaften, die berühren und in Erinnerung bleiben. Gemeinsam mit ihrem Mann Rüdiger Lehmann bietet sie außerdem Kurse zum Thema Biografie, Familien- und Firmenchroniken sowie für kreatives Schreiben an.

Giuseppe Bruno schreibt Krimis über den Commissario Luca Marchetti aus Siena. Erschienen ist bereits »Im Schatten des Palio«, weitere sind in Planung.

Bernhard Kürzl ist Bauzeichner und Filmemacher. 1997 veröffentlichte er mit dem Pferde-Fantasy-Abenteuer »Mac Mountain« seinen ersten Roman. Bis heute ist er den Genres des »Nichtrealen« treu geblieben und schreibt vorwiegend Fantasy, Science-Fiction und spirituelle Geschichten.

Heike Holz ist Expertin für Persönlichkeit, körperlich-seelische Gesundheit und Lebenserfolg. Ihre Philosophie einer ganzheitlichen, gesunden Persönlichkeitsentwicklung steht im Zentrum der von ihr entwickelten »KNIPS DEIN LICHT AN«-Methode. Sie ist Erfolgsautorin des gleichnamigen Buches sowie der Ratgeber »Glücklichsein verleiht Flügel« und »Kleine Schritte Große Veränderung«.

Renate Stautner nennt sich selbst einfach nur »Textdichterin, Autorin, Librettistin«. Ihre Songtexte für Musicals oder Schlager sind jedoch aus den Hitlisten nicht mehr wegzudenken.

Im Rosenheimer Verlagshaus bereits erschienen

Fichten, Tannen, Weihnachtspannen
192 Seiten
ISBN 978-3-475-54806-2

Auch in seinem fünften Buch beweist Wolfgang Schierlitz augenzwinkernd, dass die stade Zeit meistens gar nicht so stad ist. Ob die entschlossenen Guglmänner sich auf die Suche nach alten Mysterien machen, oder ein verloren gegangener Bayer seine Melancholie auf die Ostsee hinaus bläst, immer ist in der Weihnachtszeit etwas los. Und wenn dann Heiratsanträge oder nicht ganz legale Sprengkörper ins Spiel kommen, brennen nicht nur die Kerzen auf dem Adventskranz.
Aller Weihnachtsstress fällt bei diesen Geschichten mit einem Lachen ab, und selbst in der größten Hektik bleibt die Erkenntnis: Es könnte noch viel schlimmer sein.

Informationen zu unserem Verlagsprogramm finden Sie unter www.rosenheimer.com